我爱灿烂的五千年

了解一方文明从一座博物馆开始

文物没有呼吸
却有不朽的灵魂和生命
穿越千年与我们相逢

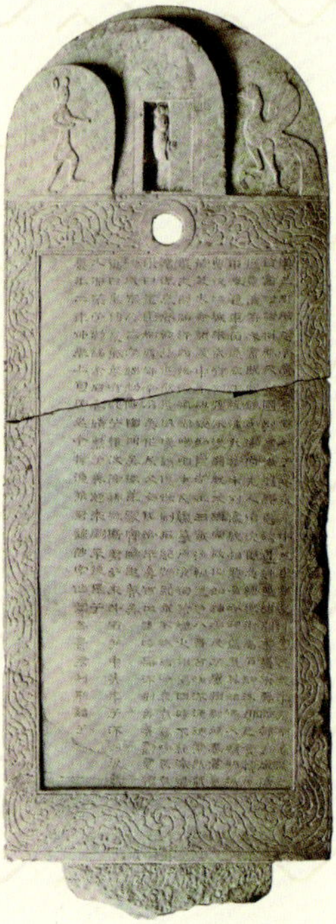

一本博物馆
全国博物馆通识系列

重庆中国三峡博物馆

重庆中国三峡博物馆　编著

四川人民出版社

图书在版编目（CIP）数据

重庆中国三峡博物馆 / 重庆中国三峡博物馆编著. -- 成都：四川人民出版社，2024.10. -- （全国博物馆通识系列：一本博物馆）. -- ISBN 978-7-220-13840-9

Ⅰ．G269.277.19

中国国家版本馆 CIP 数据核字第 2024VK3432 号

CHONGQING ZHONGGUO SANXIA BOWUGUAN
重庆中国三峡博物馆

重庆中国三峡博物馆　编著

出 版 人	黄立新
选题策划	北京增艳锦添
统筹编辑	蒋科兰　李天果
责任编辑	张新伟
特约编辑	李天果　温　浩
特约校对	李永杰
责任印制	周　奇
装帧设计	北京增艳锦添　沈璜斌
出版发行	四川人民出版社（成都市锦江区三色路 238 号）
网　　址	http://www.scpph.com
E-mail	scrmcbs@sina.com
新浪微博	@ 四川人民出版社
微信公众号	四川人民出版社
发行部业务电话	（028）86361653　86361656
防盗版举报电话	（028）86361661
照　　排	北京增艳锦添企业形象策划有限公司
印　　刷	成都市东辰印艺科技有限公司
成品尺寸	155mm×220mm
印　　张	19.25
字　　数	215 千
版　　次	2024 年 10 月第 1 版
印　　次	2024 年 10 月第 1 次印刷
书　　号	ISBN 978-7-220-13840-9
定　　价	99.00 元

■ 版权所有・侵权必究

本书若出现印装质量问题，请与我社发行部联系调换

电话：（028）86361653

《一本博物馆 重庆中国三峡博物馆》
顾问及编写委员会

总 顾 问	牟丰京
主 编	马玉霞　曹增艳
副 主 编	邱晓玲　邓　君　温　浩
编委成员	陈华蕾　白玉银　吴　婵　余金声　杨鳗倪
	余俊彤　吴聖聪　汪国凤　刘俣然　李天果
	殷莲莲　席翠翠　岳娜娜
插画设计	闵宇璠　罗　玉　赵　静
平面设计	翁玲玲　孙　博　赵海燕
设计指导	刘晓霓
诗文撰稿	曹增艳　张富遐
统 稿	陈华蕾　白玉银　吴　婵　余金声　杨鳗倪
	余俊彤　吴聖聪　汪国凤　曹增艳
书 法	张其亮
选题策划	北京增艳锦添企业形象策划有限公司
	潍坊增艳企划发展有限公司
资料提供	重庆中国三峡博物馆

前言

为什么出版"一本博物馆"系列图书?我们曾经反复追问自己,试图把这个问题表述清楚。

你是否有过这样的经历?每到一个地方,因为慕名而来,也因为带着一份好奇和对文化的膜拜,一定要参观一次当地的博物馆。于是,花费一两个小时,走马观花,耳目中塞满了没有任何基础铺垫的知识,看过博物馆只能说出其中几件知名度极高的藏品。绝大多数的观众穿越千山万水,可能一生中仅有一次机会与这些承载几千年历史的古物相见,而这一次起到的作用仅仅是"有助谈资",对博物馆里真正的宝藏,仅算瞥了一眼。

大家需要"一本博物馆"

博物馆不是普通旅游景点,其中陈列着数以万计的文物,背后藏着丰富的文化内容。如果参观博物馆前不认真准备一番,只是匆匆走过,难免像看了一堆陈旧物品的"文化邮差"。参观博物馆前预习,参观时看到文物才会与它似曾相识;参观博物馆后温习,回味给自己留下深刻印象的内容和文化脉络,如此,才算基本了解一座博物馆。

博物馆里有一锅"文化粥"

如果说,考古是人类文明的"第一现场",那么,博物馆则是"第二现场",从发掘转向了收藏和展示。在博物馆中,人类文明被高度浓缩,大众得以与历史直面。

美国盲人作家海伦·凯勒曾在《假如给我三天光明》一书中写道,如果拥有三天光明,她会选择一天去博物馆:"这一天,我将向过去和现在的世界匆忙瞥一眼。我想看看人类进步的奇观,那变化无穷的万古千年,这么多的年代,怎么能被压缩成一天呢?当然是通过博物馆。"

博物馆有多种类型：综合的、历史的、自然的、艺术的、科技的、特殊类型的，等等。博物馆里有百科，是一锅熬了千百年、包罗万象并经过系统整理、直观呈现人类文明的"文化粥"。

文物是眼见为实的历史

文物是眼见为实的历史，即使是学者们对此解读有争议，起码也是在实证的基础上进行的。如此，我们便更能了解历史的原貌，这是对历史的尊重。

文物是形象化的记忆

事物容易被记住往往首先是因为它有趣的形式。千言万语不及一张图。有学者推算，我们一般人"记忆中的语言信息量和形象信息量的比率为1∶1000"。文物正是因其有趣的形式、直观的形象，比文字记录更让人印象深刻。

文化是民族的血脉和灵魂

文化是民族的血脉和灵魂。一个国家、一个民族、一个家族、一个人的自信不仅缘于有多少财富、多大权力，还缘于其深厚的文化底蕴。好比我们以自己的家世为荣，有一天，拿着母亲的照片对别人说："这是我母亲年轻的时候，她也曾经风华绝代呢。"

如上缘起，博物馆专家团队与北京增艳锦添，联合出版"一本博物馆"系列丛书，根据每个博物馆展览陈列的线索，尽可能多地选取每个展厅中的文物，将翔实的内容、严谨的知识用通俗的语言表达出来，以有趣的形式呈现。我们的目的只有一个：大家拿着"一本博物馆"，走进一座博物馆，爱上连绵不断的中华文明。

序

重庆中国三峡博物馆作为全国具有影响力的国家级博物馆，吸引着越来越多的文博爱好者前来参观打卡。

从1951年至今，重庆中国三峡博物馆走过了70余载悠长岁月，作为首批国家一级博物馆、中央地方共建国家级博物馆，与新时代一起见证着社会和文博行业的发展。除了精美的文物展品，馆内关于三峡地区的历史陈列更是为博物馆打上了鲜明深刻的烙印，这是独属于三峡地区的历史，是中国博物馆事业发展进程中不可或缺的重要篇章。

本馆现有馆藏文物11.5万余件（套），珍稀古籍善本1.8万余册，涵盖23个文物门类，形成了"古人类标本、三峡文物、巴渝青铜器、汉代文物、西南民族文物、大后方抗战文物、瓷器、书画、古琴"等特色藏品系列。常设壮丽三峡、远古巴渝、重庆·城市之路等13个展览，均呈现了巴渝地区悠久独特的地域文化和历史背景，是公众了解巴渝文化最集中最直接的途径。馆内还设有"重庆大轰炸"半景画演示、《大三峡》环幕电影、三峡大坝数字沙盘、互动展示魔墙四大展示亮点区域。以跨媒介的形式来讲述历史，为的就是能给观众带来更新奇更有趣的观展体验，以全新的视角了解历史、感受历史。

面对13个常设展览，一份清晰明了的导览介绍对于观众而言无疑是能省下不少时间和精力的好帮手。数以万计的展品中哪些不容错过？哪些有着重要的历史价值？哪些展品背后的故事有趣生动？又有哪些体现了本馆的独特性？……诸如此类的问题都会在本书中为您以清晰、生动的形式进行解答，以便您依此制定最适合自己的参观动线。当然，您也可以让本书跟随您一起进入博物馆作为您的贴身向导，为您无声地讲述文物背后的历史。

作为文博工作者，传承并弘扬中华优秀传统文化是我们的工作，更是我们的责任。愿您翻开"一本博物馆"，走进重庆中国三峡博物馆，爱上灿烂的中华文化。

重庆中国三峡博物馆馆长
2024年1月19日

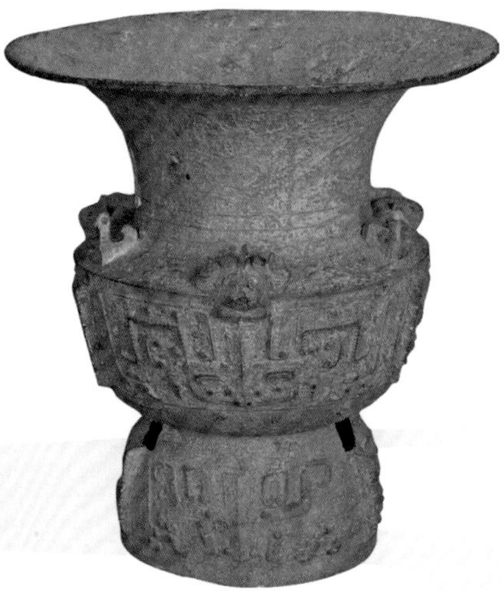

目录

了解重庆中国三峡博物馆

重庆中国三峡博物馆导视图 /002
重庆中国三峡博物馆简介 /004

壮丽三峡

第一单元　造化三峡

滟滪堆 /011
三峡瀑石 /011
阴沉木 /012
巫山人"最后的晚餐" /013

第二单元　山水之间

木刻《石柱县向氏族谱叙考》/014
背水桶 /015
纤痕石 /015
纤夫拉纤雕塑场景 /016
梁天监题刻 /018
船 /018

第三单元　三峡风流

偏将军印章 /019
三国"武昌王"虎符 /020
关羽铜像 /021
青花"长坂坡救主"瓷瓶 /022
《前出师表》绣屏 /023
合川钓鱼城保卫战场景 /024
玄宫之碑 /026
明玉珍衮龙袍 /026
明代秦良玉平金绣龙凤袍 /027

汉巴郡朐忍令景云碑 /028
皇宋中兴圣德颂碑（局部）/029
白鹤梁石刻（局部）/030
三峡诗歌 /031
傩戏表演用具 /032
云阳大梁岩画 /033
黄釉陶锤 /034
摇钱树座上的铜座佛像 /035

第四单元　三峡工程

移民金色奖杯 /037
龟卜 /037
唐代石板路 /038
佛龛造像 /039
三彩武士俑 /040
金腰带扣饰 /041

远古巴渝

第一单元　东方人类的摇篮 ——旧石器时代

旧石器时代早期
巫山人左侧下颌骨化石 /045
中国乳齿象扬子江种右下第三白齿 /046
小种大熊猫头骨 /046

旧石器时代中期
剑齿象牙刻 /047
野猪牙齿 /048
石核、石片 /048

旧石器时代晚期

第二单元　巴渝先民的足迹 ——新石器时代

三峡第一陶片 /051
水鹿角带残破头骨 /051
折沿深腹罐 /052
深腹缸 /054
器盖 /054
彩陶罐 /055

圈足罐 /056
圈足碗 /056
石斧 /057
龟壳 /057
支座 /058
五人合葬墓 /059
贝壳项链 /060
水稻痕陶片 /060

第三单元　激荡的巴山渝水
　　　　　——青铜时代

巴蔓子将军雕塑 /062
玉具剑 /063
柳叶形剑 /063
铜戟 /064
圆刃折腰铜钺 /065
三羊尊 /066
陶甗 /067
花边圜底罐 /067
俎豆夹 /068
船棺 /069
青铜戈 /070
鸟形尊 /071
虎钮錞于 /072
铃铛 /073
龙形铜带钩 /073

重庆·城市之路

明代大炮 /076
合川船帮《永定章程》碑 /076

第一单元　城市变迁

刘子如绘《增广重庆地舆全图》/078

第二单元　山城漫步

望龙门缆车电机 /080
大闸阀（1932—1995）/081
消防栓 /082
朝天门 /083

第三单元　工业崛起

荣昌夏布雕版 /085
铜元局剪刀机 /086
《新华日报》印刷机 /087
250 小型轧钢机 /088
北川铁路铁轨（部分）/089

第四单元　英雄城市

邹容著《革命军》/092
1925 年中国社会主义青年团旅欧支部团证 /093
中共重庆地方党组织创始人杨闇公烈士日记 /094
1949 年重庆中美合作所集中营殉难烈士江竹筠遗书 /095

目录　003

抗战岁月

第一单元　潮涌两江
收回王家沱日租界宣传口号 /098
1931 年《日本侵占东北真相画刊》/099

第二单元　战时首都
川军将领郭勋祺在前线缴获的日本樱花战刀 /100
铁锚 /101
天府煤矿公司自行设计制造的火车头图纸 /102
1940 年 11 月 7 日文化工作委员会成立招待会来宾签名轴 /103
郭沫若在抗战时期编写的话剧剧本《屈原》/104

第三单元　统战舞台
宋庆龄给王安娜的信（部分）/106
黄炎培著《延安归来》/107

第四单元　东方堡垒
1942 年陈布雷为蒋介石撰拟的《告入缅将士书》电稿手迹 /109
曾锡珪将军在印缅战场使用的秋季黄棕色短大衣 /110

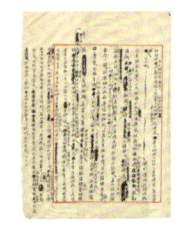

第五单元　不屈之城
版画家余江蓝创作的木刻版画《1939 年日寇轰炸重庆》/112
1939 年 5 月 4 日日军轰炸重庆时遗留的弹片（重庆"五四"大轰炸幸存者施庚培捐赠的弹片）/112
抗日战争时期程默拍摄的《重庆大轰炸》摄影册 /113
大轰炸期间重庆市民号可迪日记 /114
防空洞入洞证 /115
1943 年献机捐款收据 /115

第六单元　胜利之城
抗战胜利纪念章 /117

004　重庆中国三峡博物馆

巴蜀汉代雕塑艺术

第一单元　石雕万相

墓前石雕
武陵阙 /121
乌杨阙 /122
石辟邪 /124

墓内石刻
蟾蜍石座 /125
车马出行·宴饮伎乐画像石 /126
车马出行画像石棺 /128

第二单元　陶塑众生

画像砖
弋射收获画像砖 /131
盐井画像砖 /132
讲学画像砖 /133
陆博画像砖 /134
西王母画像砖 /135
车马过桥画像砖 /136
米仓画像砖 /137

随葬品
灰陶女厨俑 /138
红陶舞俑一组 /139
灰陶击鼓说唱俑 /140
红陶抚琴俑 /140
灰陶裸女俑 /141
动物一组 /141
红陶衔珠神鸟 /142
灰陶楼 /143
红陶水田 /144
釉陶人物鸟兽摇钱树座 /145

历代钱币

古代钱币
春秋战国货币 /148
秦汉货币 /149
唐代钱币 /150
宋代钱币 /151
明代钱币 /152

近代钱币
晚清银币 /153
民国银圆 /154

中华人民共和国钱币
第一套人民币壹圆工厂纸币 /155

西南民族民俗风情

土王一颗印（西兰卡普）壁挂 /158
土家新房的复原场景 /159
蜡染团花鱼纹台布 /160
傣族铜鼓 /161
百褶裙 /162
绣花羽毛男围裙 /163
牛腿琴 /164
马尾绣花背带 /165
彝族漆器一组 /166
绣花银饰鸡冠女帽 /168
英雄结青年帽 /169
镶花女上衣、女裙 /170
绣彩蝶花卉绒布领架 /171
女装 /172
七星羊皮披肩 /173
《东巴经》/174
十二相面具 /175
藏戏服装一组：藏戏帽、胸巾、戏袍 /176
右旋白海螺 /176
绿度母唐卡 /177

历代书画

宋元绘画
《杂景院画册》（八开）/180
《仙山楼阁图》团扇 /182

明代绘画
《枯木竹石图》轴 /184
《三教圣人图》轴 /185
《葵阳图》卷（局部）/186
《明唐寅仿韩熙载夜宴图》卷（局部）/188
《仿米云山图》轴 /190
《鱼鸟清缘图》轴 /191
《雪山萧寺图》轴 /192
《临水宴坐图》轴 /193

清代绘画
《唏发图》轴 /194
《仿米山水》轴 /196
《烟浮远岫图》/197
《仿元人山水图》轴 /198
《扁舟图》卷（局部）/199
《山水图》册（十二开）（局部）/200
《村斗图》轴（局部）/201
《翠嶂飞泉图》轴 /202
《荷花鹭鸶图》轴 /203
《文潞公园图》轴 /204
《指画松林骑马图》轴 /205
《兰竹石图》轴 /206
《九秋图》卷（局部）/207
《合作研山图》卷（局部）/208
《仿懊道人花卉图》扇面 /209
《四季山水图》屏（部分）/210
《奔马图》轴 /211
《双猿图》/212
王铎《行书轴》/213
《行书册页卷》（局部）/214
林则徐《行书轴》/215
《七言行书联》/216
《七言联》/217

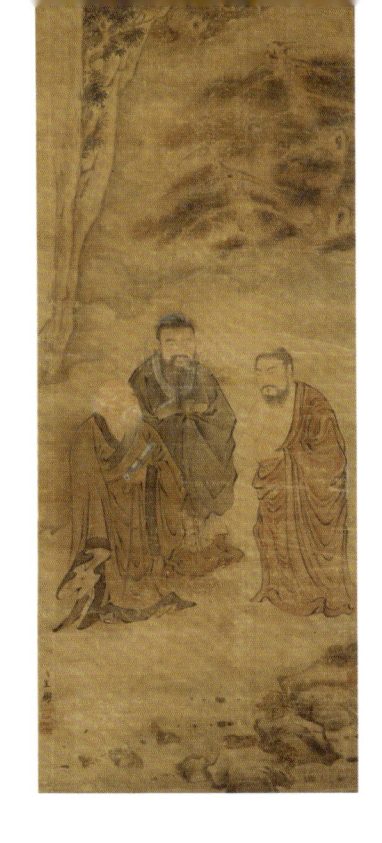

历代瓷器

青瓷六系大罐 /220
青釉五联罐 /221
越窑青釉胡人立柱灯盏 /222
白釉瓷执壶 /223
湘阴窑青釉瓷骆驼 /224
邛窑青釉褐绿彩龙柄壶 /225
金大定款磁州窑白地黑花梅瓶 /226
定窑白釉带盖执壶 /227
钧釉瓷钵 /228
涂山窑褐釉菊花纹瓷壶 /229
耀州窑青釉六出鹅纹盘 /230
龙泉窑青釉玉壶春瓶 /231
湖田窑青白釉刻婴戏纹玉壶春瓶 /232
青白瓷带盖炉 /233
德化窑何朝宗款白釉观音坐像 /234
斗彩山石花鸟纹瓷笔筒 /235
天蓝釉雕花梅瓶 /236
仿官釉五管瓷瓶 /237
绿彩云龙纹瓷盖罐 /238
青花滕王阁山水大瓷瓶 /239

景仁怀德——李初梨、刘钧捐赠文物展

君直款青石端砚 /242
《清风高节图》轴 /243
供春款树瘿壶 /244
宣德铜炉 /245
葵花紫砂壶 /246
《草书王维诗》轴 /247
康熙釉里红龙纹大缸 /248
乾隆珐琅彩缠枝莲托八宝纹瓷觚 /249

古琴

仲尼式"襄"琴 /263
伶官式"凤鸣"琴 /265
仲尼式"松石间意"琴 /266
仲尼式"朱致远"琴 /267
仲尼式蜀王"霜钟"琴 /268
列子式潞王"中和"琴 /269
仲尼式益王"韵磬"琴 /270
连珠式"靡雷"琴 /271

和合巴渝

白鹤梁水下博物馆 /274
三峡文物科技保护基地 /276
重庆宋庆龄纪念馆 /248

生字词注音释义 /280

重慶中國三峽博物館
Chongqing China Three Gorges Museum
重慶博物館
Chongqing Museum

了解重庆中国三峡博物馆

成立时间：**1951年**
地理位置：**重庆市渝中区人民路236号**
建筑面积：**7.17万平方米**
常设展览：**壮丽三峡、远古巴渝、重庆·城市之路、抗战岁月、巴蜀汉代雕塑艺术、西南民族民俗风情等13个展览***
藏品数量：**11.5万余件（套）**
藏品特点：**以古人类标本、三峡文物、巴渝青铜器、汉代文物、西南民族文物、大后方抗战文物、瓷器、书画、古琴等为特色藏品**

*本书章节排列与馆内参观顺序一致。关联性较强的部分文物，作"小专题"排列。对尚不能确定的文物信息，均暂付阙如。

重庆中国三峡博物馆导视图

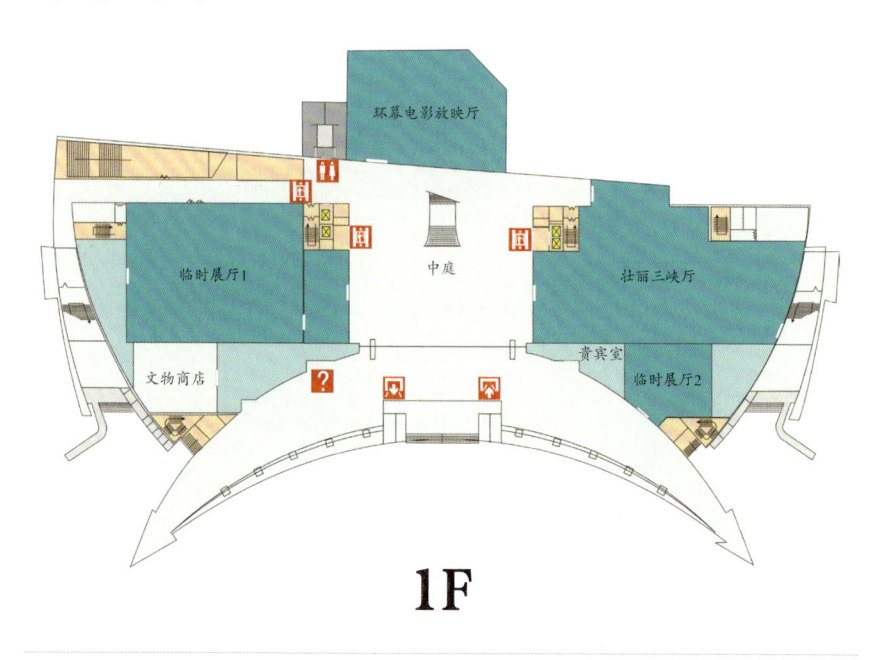

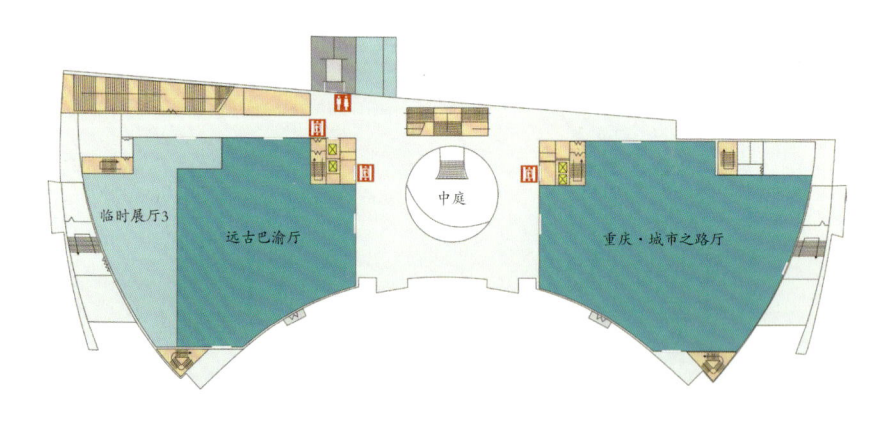

1F

- 环幕电影放映厅
- 临时展厅1
- 中庭
- 壮丽三峡厅
- 文物商店
- 贵宾室
- 临时展厅2

2F

- 临时展厅3
- 远古巴渝厅
- 中庭
- 重庆·城市之路厅

图标	含义
卫生间	电梯口	入口	出口	咨询处

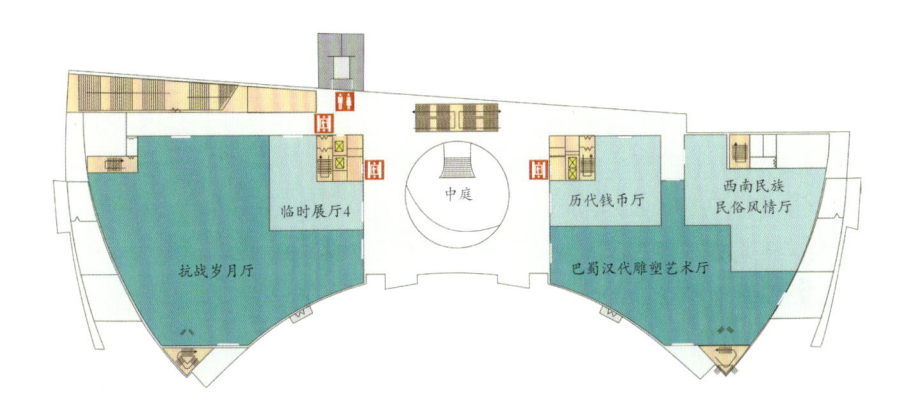

3F

- 临时展厅4
- 抗战岁月厅
- 中庭
- 历代钱币厅
- 巴蜀汉代雕塑艺术厅
- 西南民族民俗风情厅

4F

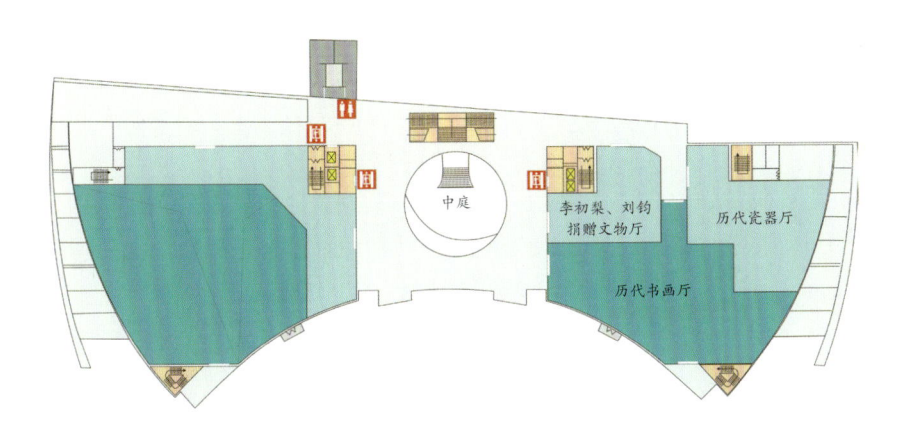

- 中庭
- 李初梨、刘钧捐赠文物厅
- 历代瓷器厅
- 历代书画厅

了解重庆中国三峡博物馆

重庆中国三峡博物馆简介

历史沿革

1951年,西南博物院成立。

1955年,西南博物院更名为重庆市博物馆。

2000年,为承担三峡文物保护工程的大量珍贵文物抢救、展示和研究工作,经国务院办公厅批准设立重庆中国三峡博物馆。

2005年,新馆正式对外开放。

概　况

　　重庆中国三峡博物馆坐落于重庆市渝中区人民路236号，是集"巴渝文化、三峡文化、大后方抗战文化、移民文化、统战文化"的收藏、保护、研究、展示、传播为一体的省级综合性博物馆，是首批国家一级博物馆、中央地方共建国家级博物馆、全国爱国主义教育示范基地。

　　馆舍由主馆、重庆白鹤梁水下博物馆、重庆宋庆龄纪念馆、涂山窑遗址、重庆三峡文物科技保护基地五个场馆组成，占地面积5万平方米，建筑面积7.17万平方米，展厅面积2.7万平方米。主馆与相邻的重庆市人民广场、人民大礼堂共同形成"三位一体"的城市标志性建筑群。

　　全馆现有馆藏文物11.5万余件（套），常设壮丽三峡、远古巴渝、重庆·城市之路、抗战岁月、巴蜀汉代雕塑艺术等13个展览，年均推出临时展览20～30个，并有"重庆大轰炸"半景画展示、《大三峡》环幕电影、三峡大坝数字沙盘、互动展示魔墙四大展示亮点。

主要藏品及突出特点

重庆中国三峡博物馆的馆藏文物以古人类标本、三峡文物、巴渝青铜器、汉代文物、西南民族文物、大后方抗战文物、瓷器、书画、古琴等为特色藏品，在现有馆藏的11.5万余件（套）文物中，单件文物超过28万件，珍贵古籍善本有1.8万余册，涵盖23个文物门类。其中，乌杨阙、巫山人左侧下颌骨化石、偏将军印章、汉巴郡胊（qú）忍令景云碑、虎钮錞（chún）于、鸟形尊、三羊尊、《明唐寅仿韩熙载夜宴图》卷、德化窑何朝宗款白釉观音坐像、1949年重庆中美合作所集中营殉难烈士江竹筠遗书为重庆中国三峡博物馆的十大"镇馆之宝"。

远古巴渝

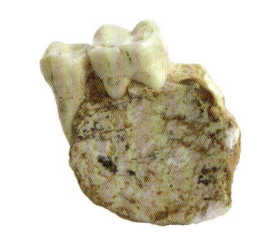

这里是人类起源的重要地点之一，这里有人类最古老的艺术遗存，这里是我国古代南北方、东西部文化交流、融汇的重要通道。巴人渝地的古文化遗存，不仅激发了世人关注和研究的兴趣，也引起了现代峡江人强烈的文化共鸣。

壮丽三峡

长江三峡是最富人文情怀的大河峡谷。这里有唯一通过考古发掘复原的汉阙，也有180万年之前的晚餐，还有纤夫们穿越时空的号子……它们以绵延不绝、积淀厚重的历史，成为长江文明最华彩的乐章。

抗战岁月

1937年七七事变后，南京沦陷，重庆成为中国的战时首都，为抗日战争和世界反法西斯战争的胜利做出了巨大的历史贡献。无论是《日本侵占东北真相画刊》，还是川军缴获的日本樱花战刀，抑或是郭沫若抗战时期编写的话剧《屈原》，它们记录着、诉说着当年这场英勇不屈的反侵略战争。

重庆·城市之路

重庆是一座具有悠久历史、灿烂文化和光荣传统的历史文化名城。展览从城市变迁、商贸金融、工业崛起、英雄城市等方面展示了重庆的近代化历程。

巴蜀汉代雕塑艺术

汉代的巴蜀，是当时雕塑艺术流行的重要区域。巴蜀地区的汉代雕塑不仅数量庞大、种类繁多，而且其画像艺术风格清新，富有生活气息，极具地方特色，在中国汉代雕塑艺术史上占有重要地位。

西南民族民俗风情

中国大西南，各民族和睦相处。大西南历史与自然的多样性和差异性，造就了西南民族文化与传统的多样性和独特性。美丽的自然山川、多彩的民族风情，造就了和谐、神奇的魅力大西南。

古琴展

馆藏古琴年代跨越唐、宋、元、明、清、现代，比较全面地反映了古琴的演变轨迹。藏品大多形制典雅，音色优美，堪称琴界的稀世珍宝。

壮丽三峡

　　长江三峡是地球上最具造化伟力、最富人文情怀的大河峡谷之一。它以雄奇壮丽、悠远深邃的景观，成为美丽长江的标志性河段，它以绵延不绝、积淀厚重的历史，成为长江文明最华彩的乐章。

　　三峡水利工程、三峡百万移民、三峡文物抢救……自然造化、人间奇迹，壮丽画作一一呈现。

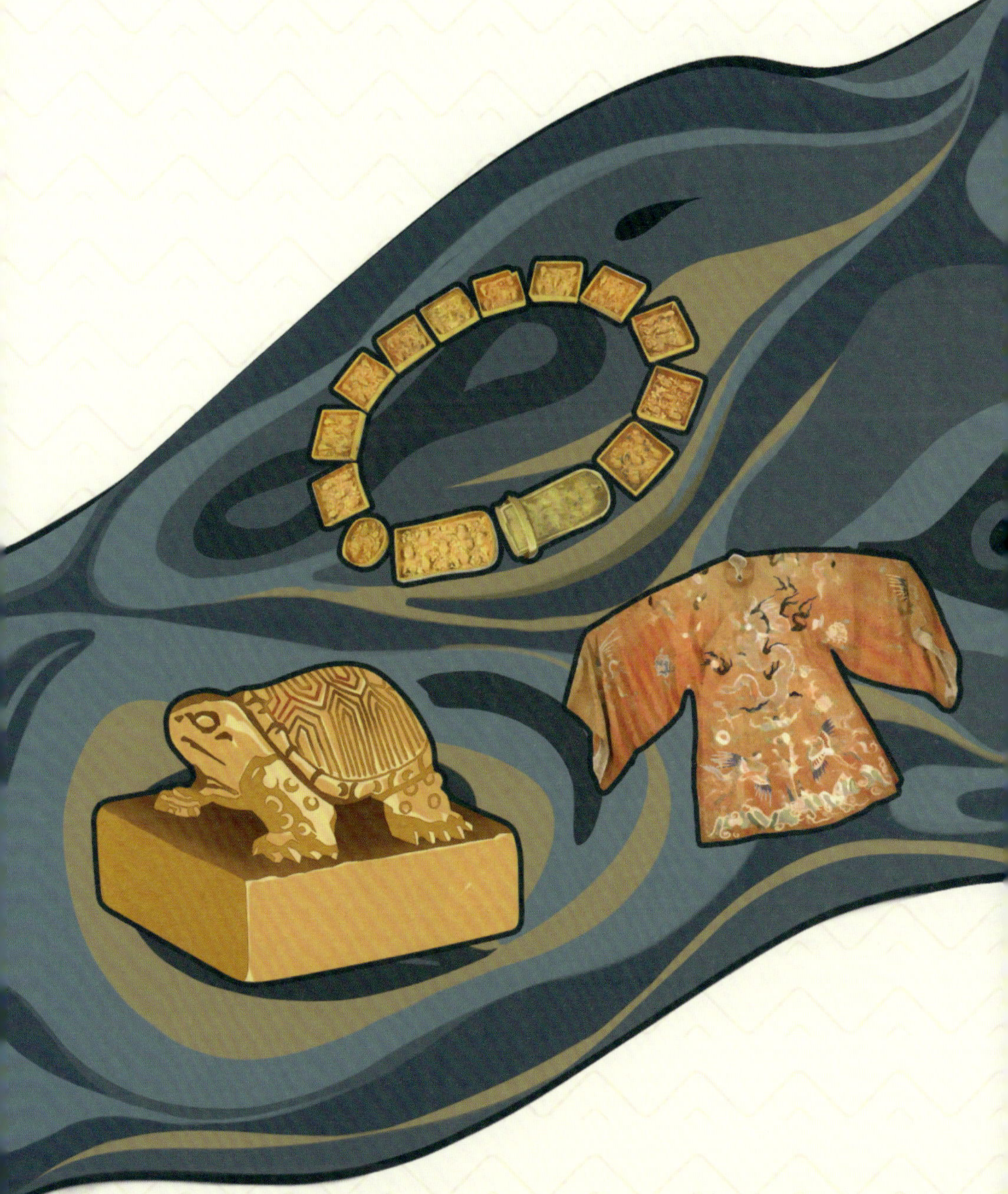

第一单元
造化三峡

　　长江三峡，是瞿塘峡、巫峡、西陵峡三段峡谷的总称，西起重庆奉节白帝城，东至湖北宜昌南津关，全长193千米，是万里长江上的一颗璀璨明珠。

　　三峡的形成，是强烈的造山运动所引起的海陆变迁及江河发育的结果。大自然的万古造化，造就了三峡地区奇特的地貌景观。

　　三峡是露天的自然博物馆，断层褶皱、奇峰异岭见证了沧海桑田之变，尽显造化之奇；三峡是摊开的历史书，化石与石器记录了三峡地区人类及文化起源、漫长的演变历程与清晰的脉络。

小知识：瞿塘峡

　　瞿塘峡，亦称夔峡，包括风箱峡和错门峡两段水峡，西起重庆奉节白帝城，东至巫山大宁河口，其中白帝城至大溪间为狭窄谷地。全长八千米，为三峡中最短的峡。两岸悬崖壁立，江面最狭处只有百余米，江流湍急，山势险峻，号称"天堑"。西口称夔门。大溪至大宁河口为大宁宽谷，长25千米。1999年与2019年发行的第五套十元人民币背面图案就是夔门。

　　明代有诗写瞿塘峡："凿铁开青壁，翻云泻素波。古今流不尽，造化意如何。"

滟滪（yàn yù）堆

滟滪堆，俗称燕窝石，古代又名犹豫石，原位于三峡瞿塘峡入口，是一块长约30米、宽约20米的庞然巨石。唐代杜甫在《滟滪堆》中写道："巨积水中央，江寒出水长。"无论秋冬水枯，还是夏季洪水暴发，行船至此极易触礁，船沉人亡。滟滪堆虽为夔门增添壮丽宏伟之气象，但在航运上却是一大障碍，因此，于1958年冬被炸除。

巨立中央寒出水

巫山夹天巴水流

三峡瀑石

瀑石是在三峡蓄水前抢救切割而来的，它们原来在古称"天开一线，峡张一门"的夔门边上，经江水长年拍打和冲刷而成，因其形状像瀑布落下，故名为瀑石。

壮丽三峡

小知识

巫峡

　　巫峡，因巫山得名，亦称大峡，包括金盔银甲峡和铁棺峡。西起重庆巫山大宁河口，东至湖北巴东官渡口，绵延约40千米，为狭窄形谷地。长江横切巫山主脉的石灰岩层，峡谷曲折幽深，高峰海拔一千米以上，著名的"巫山十二峰"并列江边，以神女峰（望霞峰）最奇。

　　南北朝的地理学家郦道元写道："巴东三峡巫峡长，猿鸣三声泪沾裳。"

西陵峡

　　西陵峡西起湖北巴东官渡口，东至宜昌南津关，全长120千米。分为四段：官渡口至香溪间为香溪宽谷（长约45千米）；香溪至庙河间为兵书宝剑峡、牛肝马肺峡和崆岭峡；庙河至南沱间为庙南宽谷（长约33千米）；南沱至南津关间为影峡及黄猫峡。狭谷段合长42千米，狭窄形谷地。两岸峭壁巉岩，以牛肝马肺峡最险。

　　宋代诗人写道："巉岩复巉岩，昨日通灵滩。通灵二十里，有峡名马肝。一山削壁立万仞，中有突兀如芝蟠。"

老木潜底睡千年

阴沉木

　　这是三峡地区植物中最有代表性的阴沉木，又称乌木。在中国古代，人们常将乌木用作辟邪之物，因此在民间又有"软黄金"之称。

　　阴沉木是距今四万年至两千多年之间，因为地震、洪水、泥石流等地质现象，地上植物被全部埋入古河床等低洼处，在缺氧、高压的状态下，经过炭化过程而形成的，故又称为"炭化木""硅化木"。因其具有极高的价值，被誉为"植物界的木乃伊"。

弃食远走龙骨坡

巫山人"最后的晚餐"

龙骨坡遗址位于重庆市巫山县庙宇镇龙骨坡,截至2023年,该遗址是欧亚大陆时代最早、内涵最丰富的史前文化遗址之一,被誉为"东亚人类摇篮"。

在这里,考古人员发掘出了大量彼此交叉和重叠的象、牛、鹿等大型动物的前、后肢骨,在这些骨骼之间还发现了十余件石制工具。这些遗骨的表面有石器砍砸的痕迹,无食肉类动物的咬痕或流水冲蚀的痕迹。这种埋藏现象表明,制作者并不是为了敲骨取髓,而是将含肉量高的动物肢骨运回住地,然后以最节省体力的方式来满足多样化的食物需要。据专家推测,只有萌生了思维的动物才能创造出这样的奇迹,这个有思维的动物就是"巫山人"。这堆骨骼或许是"巫山人"最后晚餐的废弃物——"巫山人"在距今180万年的一次晚餐后彻底离开了龙骨坡。

第二单元
山水之间

长江三峡水急山高、沟深林密。三峡人家山水为伴：云深处农家炊烟袅袅，栈道上商旅脚步匆匆，险滩前纤夫号子昂扬，溪河畔浣女倩影婀娜……在千百年繁衍生息、辛勤劳作中，三峡人形成了独特的生活方式和文化习俗，炼成了宽厚坚韧如山、豪放旷达似江的性格。

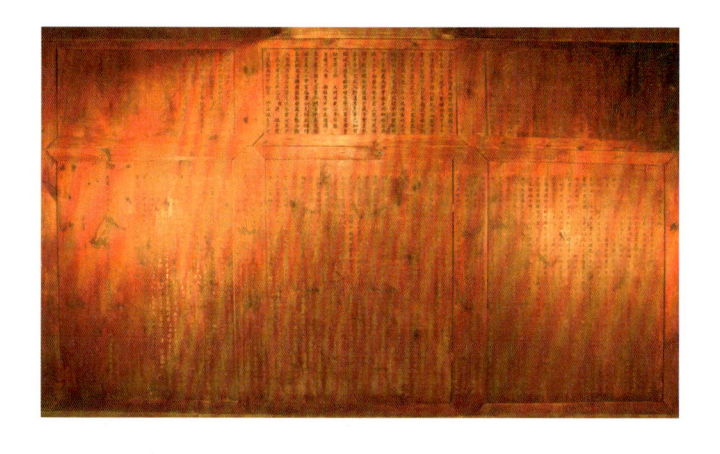

世事变幻谱不乱

木刻《石柱县向氏族谱叙考》

1936年

该族谱原在石柱县桥头乡向家院内，因三峡大坝蓄水将淹，被整体移置于博物馆内。文字叙述了居住在石柱县桥头乡的向氏家族的源流、迁徙与支脉情况，追述向姓先祖渊源——向氏家族先后因元代战乱和"湖广填四川",由湖北麻城入蜀,其后裔广居万州、丰都、忠州、石柱等地——可以探寻巴蜀地区向氏家族的历史渊源、移民迁徙与生活经历。

家谱、族谱、方志都是传承中华文明的重要载体。中国百姓的族谱通常为纸质,如此庞大的木刻族谱实属罕见,为研究三峡移民历史提供了珍贵资料。

肩负重担为谁家

背水桶

三峡地区丘陵、山地面积占总面积的95.7%,由于山高坡陡,道路陡峭、狭窄,人力运输多以背负为主,背篼(dōu)、背荚成为当地主要的运输工具。

石上留痕硬脊梁

纤痕石

纤夫所用的纤绳一般用竹篾和麻绳扭编而成,经久耐用、有韧性,因此,纤绳在临江的岩石上磨出了深深的凹槽。这块三峡实地的纤痕石,不仅见证了水滴石穿的力量,也记载了纤夫拉船的艰辛。

壮丽三峡 015

号子声声浪滔滔

纤夫拉纤雕塑场景

长江最险峻的无疑是三峡，舟船在其他航段可以靠浆逆水而行，然而三峡两岸崇山峻岭，江面变窄，江水极为汹涌，就不得不借助人力拉纤。

这组雕塑再现了纤夫拉纤的场景。一般来说，拉纤的伙掌头在队伍最前面，伙掌头清楚江河的水势水性、明滩暗礁，根

据拉纤的劳动节奏，编创出不同节奏、不同音调、不同情绪的船工号子。

且不论严寒酷暑，逆流而上要花费多少力气，即便是平时，纤夫们也艰苦万分。为了避免麻绳吃水增重，纤绳由竹条制成，锋利如刃，动辄磨破双手。而且三峡两岸的岩石十分光滑，光靠腿脚根本无法用力，纤夫必须低下腰，甚至用手抓住岩石，采取半爬行的姿态。随着轮船的出现，纤夫逐渐退出了历史舞台，但并没有被人们遗忘。

梁家名臣记当年

梁天监题刻

南北朝

该题刻内容是："天监十三年十二月鄱阳王任益州军府五万人从此过故记之"，原置于云阳县飞凤山麓濒江石壁上，曾移至张飞庙内保存。

题刻反映了梁天监十三年（514年），梁武帝之弟鄱阳王萧恢，率兵五万，由荆州过三峡入蜀，抵御北魏军队的具体时间和军队人数。由此可见，在南北朝时期，三峡的水上航运和木船的运载能力已非常发达。

萧恢，南北朝时期南梁宗室名臣，天监十三年，任散骑常侍、镇西将军、益州刺史，并都督益、宁、南、北秦、沙七州诸军事。

江上夕阳照船归

船

据统计，往来于川江上游的船只有上百种之多，这里陈列的木船是从三峡地区征集而来的，有篷的是峡江上常见的打鱼船；挂帆的叫麻秧子，因吃水浅，所以稳定性较好，随处都可靠岸上下乘客，成为川江上游最常见的客船。

第三单元
三峡风流

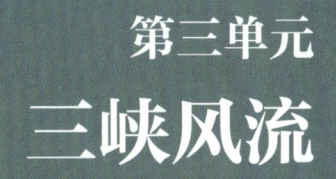

　　三峡文化植根在山水之间，播撒于大江南北。这里是豪杰驰骋的战场，巴渝儿女质直好义，英雄人物各领风骚；这里是诗的长廊，文人墨客纷至沓来，壮丽诗篇千古流传；这里是传统文化宝库，有举世无双的水文文化、神秘诡异的巫文化、特色鲜明的儒释道文化……

龟钮在手效君王

偏将军印章

汉代
通高2cm　边长2.4cm　重108.95g

　　这枚印章是馆藏的十大镇馆之宝之一。
　　1982年，市民在嘉陵江边发现这枚印章。印章系龟钮方形，是当时中央集权制度的见证物。
　　据文献记载，偏将军为汉晋时期官职，通常由帝王拜授，官高者用龟钮，中下级官吏用鼻钮。历史上，三国大将关羽、赵云都曾被封偏将军，但此方印章所授何人有待进一步考证。

壮丽三峡　019

军权在握挥号令

三国"武昌王"虎符

三国

　　此符为判合之器,是古代用于传达命令、调动军队的一种特殊凭证。虎符多以青铜铸造,因其状呈虎形,故称"虎符"。

　　公元221年,吴国孙权在与刘备争夺荆州取胜后,把都城迁到当时的鄂县,并改名武昌,取"因武而昌"之义。

五虎上将至今传

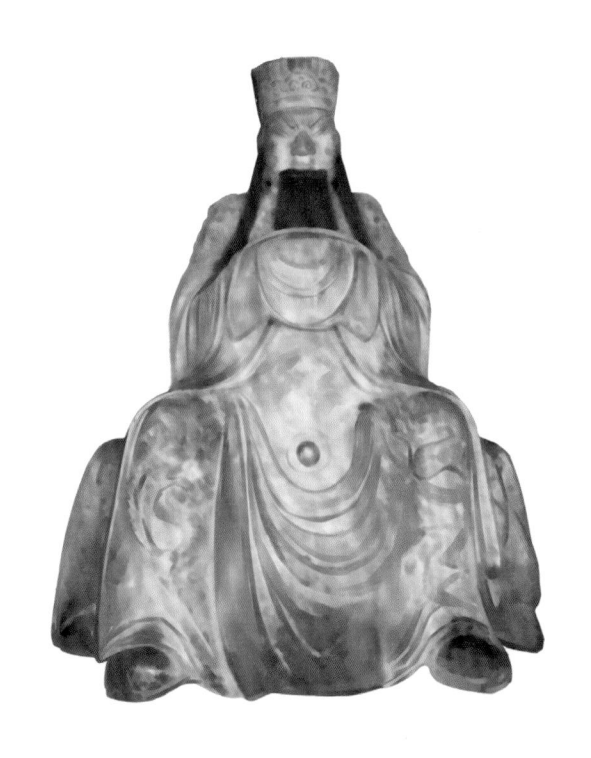

关羽铜像

清代
高270cm　宽218cm
旧藏

　　清朝时，三峡地区的几位武举人筹资修建了这尊关羽铜像，高约三米，重达两吨。此铜像原位于重庆市区较场口民权路关帝庙中，后于1959年入藏重庆市博物馆。

　　关羽，字云长，三国蜀汉名将。关羽具有骁勇非凡、武艺绝伦、所向无敌的英雄气概和素质。

　　古语有云："文官拜孔子，武将拜关羽。"中国四大名著之一的《三国演义》将关羽名列"五虎上将"之首，书中的桃园三结义、温酒斩华雄、千里走单骑等脍炙人口的故事，为后人塑造了一个流传度甚广的、以忠义见称于后世的关羽形象。

　　民间尊关羽为"关公""关老爷"，被封为门神；历代朝廷多有褒封，清朝雍正时期，尊其为"武圣"，与"文圣"孔子地位等同。

壮丽三峡　021

常胜将军英姿爽

青花"长坂坡救主"瓷瓶

清代
高53.6cm　口径15.8cm　底径17.6cm
征集

　　这件双耳瓷瓶口微撇、长直颈、双系耳、溜肩、椭圆形腹，腹下渐收，圈足。瓷瓶造型稳重大方、丰满端庄，青花发色亮丽浓艳，主体纹饰描绘赵子龙长坂坡单骑救主的故事。

　　图画中赵云浑身是胆，英姿飒爽，骑跨鹤顶龙驹，威风凛凛，身着素面明光铠，腰系虎头黑绦带，左手拿着擎天宝剑，右手持白缨蟠龙枪，跃马腾空与曹军将领激烈拼杀，场面惊心动魄，使枭雄曹操都惊诧不已，顿生惜才之情，下令活捉欲招致其麾下效力。

　　赵云，字子龙，常山真定人，蜀汉名将，一生身经百战，杀敌无数，有"常胜将军"美誉。

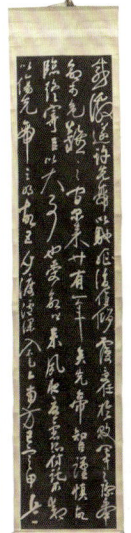

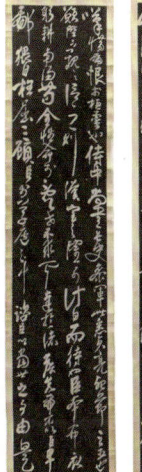

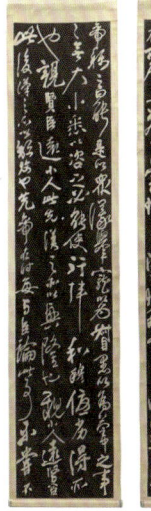

《前出师表》绣屏

民国
长193cm　宽43cm
移交

  展柜中的《前出师表》绣屏是岳飞在河南南阳一所寺庙中抄写，民国时期一位工匠根据岳飞手书刺绣完成的。此幅作品不仅展示了诸葛亮的佳作，也能让人感受书法的神韵以及精湛的绣工，可谓三者合一，令人叹为观止。

  三国时期蜀汉丞相诸葛亮的代表性作品《前出师表》在民间广为流传，影响深远，这是他两次北伐（227年与228年）魏国前，上呈后主刘禅（shàn）的奏章。文中以恳切的言辞，劝说后主要继承先帝遗志，广开言路，严明赏罚，亲贤臣，远小人，完成兴复汉室的大业，也表达了诸葛亮报答先帝刘备的知遇之恩和北定中原的决心。

拳拳忠心千古文

合川钓鱼城保卫战场景

重庆山高坡陡,地势险要,易守难攻,因其特殊的地理位置,自古就是兵家必争之地。眼前这幅大型油画展现的是合川钓鱼城保卫战的场景。

公元1258年,蒙古军队分兵三路攻伐南宋、西亚和欧洲,其中一路约七万军马由成吉思汗的孙子蒙哥率领进攻四川,1259年攻至合川钓鱼城下。钓鱼城是南宋四川防守重点,攻下钓鱼城就切断了南宋长江中下游与四川的联系。然而钓鱼城三面环水一面靠山,有良好的地理优势,再加上城内军民顽强抵抗,蒙古军队在这里作战迟迟未能

蒙哥折鞭钓鱼城

攻下,最终大汗蒙哥在城下病死。由于蒙哥去世,征战世界各地的蒙古军队主帅纷纷停止进攻,匆忙回师,争夺最高汗位。因此,钓鱼城战役不仅延缓了南宋覆灭的时间,也极大地影响了当时的世界格局。

　　蒙哥征伐欧洲时,曾被称为"上帝之鞭",意思是他可以随意抽打任何人、任何国家,由于蒙哥在钓鱼城战死,欧洲学者也诙谐地将钓鱼城称为"上帝折鞭处"。如今,合川钓鱼城是我国迄今保存最完好的古战场遗址,并且正在申报世界文化遗产。它像一座军事遗址博物馆,向人们诉说着那段弥漫着硝烟的历史。

玄宫之碑

明代
高145cm
宽57cm　厚23.5cm
旧藏

大夏天子英年逝

　　玄宫之碑系明玉珍墓碑。碑首作八角形，额"玄宫之碑"四字篆书，其左右两侧各阴刻线盘龙一，碑文24行，正文每行47字，全碑共1004字，碑文中对明玉珍的经历有翔实记载，是研究元末农民起义军历史和重庆地方史极为珍贵的实物资料。

　　明玉珍（1329—1366年），元末农民起义军领袖，本姓"旻"（mín），因信奉明教而改姓。初归明教首领徐寿辉部，元朝至正十七年（1357年）率红巾军先后攻取川渝及黔、鄂、滇、陕、甘部分地区。1362年在重庆称帝，建立"大夏国"，年号"天统"，1366年病逝，时年38岁，葬在重庆江北区宝盖山南麓，史称"睿陵"，是我国目前考古发掘的唯一一座农民起义军领袖墓葬。

明玉珍衮（gǔn）龙袍

明代
衣长132cm　袖长120cm

衮龙昂首向苍天

这件青缎衮龙袍出土时，是覆盖在内棺上的，其胸、背上绣有"衮龙"纹，古时候称"衮服"或"衮衣"，"衮衣"是古代帝王祭祀天地、祭享先王的礼服。这件龙袍上绣升龙，应是皇权的象征，用以覆棺则表示尊崇之意。

明代秦良玉平金绣龙凤袍

明代
衣长112cm　袖长96.5cm
移交

赫赫战功御赐袍

博物馆收藏了明崇祯皇帝御赐秦良玉的龙凤袍，2008年北京奥运会火炬手服装上飞舞的"火凤凰"图案便取材于此。

秦良玉（1574—1648年），四川忠州（今重庆忠县）人，她自小就喜欢舞刀弄枪，有胆有谋，成年以后，她与石柱宣抚使、土司马千乘结为夫妻，协助丈夫治理军务，训练出一支骁勇善战的地方武装，由于这支队伍的兵器是用白蜡杆制成的长矛，故被称为"白杆兵"。其夫去世以后，秦良玉代理夫职，时值明末社会动荡，奉命率领"白杆兵"北上勤王，从浑河血战到镇守山海关，立下了赫赫战功，被朝廷授予都督佥（qiān）事、总兵之职。

汉巴郡朐（qú）忍令景云碑

东汉
高239cm　宽93cm　厚21cm
重庆云阳县旧县坪遗址出土

　　此碑是馆藏的十大镇馆之宝之一。

　　此碑碑额正中雕"妇人启门"图，左右为朱雀和兔首人身像，碑侧浮雕青龙、白虎；中间为隶书碑文，碑文13行，共367字。记载了汉代朐忍（今云阳）县令景云的生平事迹。

　　该碑雕刻神采焕然，书法清新优美，为汉碑中的精品，是三峡考古的重大收获，具有历史、美学、宗教、神话等多方面的价值和意义。

汉风神采纪县令

汉巴郡朐忍令景云碑拓印图

> **小知识:"妇人启门"图**
>
> "妇人启门",也叫半启门、妇人掩门,这种题材据考最早是从汉代开始的,在宋金元时期最为流行,它一般最常出现在墓室、墓祠和石阙画像当中,是中国古代绘画和雕刻中常见的一种题材。
>
> 著名考古学家宿白先生首次注意到"妇人启门"这一题材,他认为此题材"意在于表示假门之后尚有庭院或房屋、厅堂,以及表示墓室至此并未到尽头之意"。也有学者认为,妇人启门是儒家礼教约束下女子"无故不窥中门"的反映。还有一种解释,说这些女性启门者其实是仙境使者,她们守着"天门",有引领死者进入仙境的作用。

皇宋中兴圣德颂碑(局部)

宽720cm 高410cm

旧藏

皇宋中兴圣德颂碑系摩崖碑刻,原位于瞿塘峡南岸白盐山峭壁上,是当地摩崖石刻群中年代最早、规模最大的石刻。阴刻行书943字,是一篇赞美南宋高宗皇帝赵构让位于孝宗皇帝赵昚(shèn)的颂文,由南宋朝著名书法家赵公硕所书。

三峡库区蓄水后,摩崖碑将永远被淹没于水下,为了保护文物,此碑于2003年被整体切割搬迁。此碑是瞿塘峡众多石刻中唯一搬迁至重庆中国三峡博物馆展厅的石刻。

所谓摩崖碑刻,是指在天然崖岩上所刻的文字。有时,崖岩需加以凿磨整治,然后才能刻字。据资料记载,新石器时代的先民就已利用崖岩绘刻人兽图形和符号。

崖石铭刻赞颂文

白鹤梁石刻（局部）

全长1600m　平均宽度15m
旧藏

　　白鹤梁位于重庆涪陵长江江心，这道天然石梁全长1600米、平均宽度15米，因早年常有白鹤群集而得名。梁上石刻记载了自唐迄今1200年间72个年份的枯水水位，现存题刻165段，具有极其重要的水文科学价值，被誉为"世界第一古代水文站"。题刻集历代名家文学、书法之大成，素有"水下碑林"的美誉。2007年列入《中国世界文化遗产预备名单》。

　　2003年，国家采用了"无压容器"方案对题刻进行原址水下保护。工程历时7年，耗资2.1亿，最终建成了世界首座水下遗址博物馆——白鹤梁水下博物馆。

水下碑林第一站

屈原　白居易　杜甫　刘禹锡　李白

三峡诗歌

  长江三峡，峡谷深邃，两岸峭壁耸立，江水奔腾不息。众多的诗人、词人寄情山水，吟诗作对，赋予其深厚的文化底蕴、增添了三峡的文化魅力，形成了丰富的三峡诗词文化。诗人屈原在西陵峡咏出千古名篇《橘颂》；脍炙人口的"朝辞白帝彩云间，千里江陵一日还"传递着诗仙李白浪漫飘逸的气息；诗圣杜甫从这里走过，留下了"无边落木萧萧下，不尽长江滚滚来"的感慨；刘禹锡手执杨柳枝、踏歌而来，创造了中国诗歌史上雅俗共赏的竹枝词"东边日出西边雨，道是无晴却有晴"；白居易描绘了三峡"上有万仞山，下有千丈水。苍苍两崖间，阔峡容一苇"的壮丽雄奇景观。

浪花淘尽英雄歌

傩（nuó）戏表演用具

民国
长26cm　宽15cm
征集

　　在民间，无论是造屋铺桥，还是修堤筑坝，先民都习惯于求神问佛，占卜问卦，甚至连生老病死、丧葬嫁娶，也都离不开巫师鬼神的指引和帮助。所以在生产之余他们会举行一些驱赶疫鬼的巫术活动，如三峡地区土家族的傩祭活动，其形式多为傩戏表演，这些面具和法器就是表演时所用的道具。

　　傩戏的面具一般为24面，主要从善神类、凶神类、人类三方面划分，傩戏的表演者戴上神秘的面具，扮成比疫鬼更威猛、凶厉的战士，手拿各种兵器，手舞足蹈向疫鬼宣战，从而保佑族人远离疾病，祈祷风调雨顺。

遮面击鼓舞且歌

石上留痕后人猜

云阳大梁岩画

　　这幅大梁岩画是在云阳发现的，由于年代久远，无法确知它的具体时间。岩画画面古朴自然，具有极强的原始性和神秘感，它以阴刻的方式刻画了巫师拿法杖做法，左右两侧是倒立着身子的人，上面是一张渔网，下面是一艘大船，这个造型和现在汉字中的"巫"字很相近。

　　岩画是人类先民留给后人的珍贵文化遗产，是祖先以石器作为工具，用粗犷、古朴、自然的方法在岩穴、石崖壁面和独立岩石上所作的彩画、线刻、浮雕的总称。祖先用岩画来描绘、记录他们的生产方式和生活内容。岩画中的各种图像，是文字发明以前原始人类最早的"文献"，不仅涉及原始人类的经济、社会和生活，同时，岩画还表现人类的精神生活，是原始艺术的一部分。

彩绘当年游猎行

黄釉陶锤

西汉

高34.5cm　口径15.4cm　底径16.5cm

拨交

  这件西汉黄釉陶锤上的纹饰十分精美，有仙禽、异兽、灵芝，反映着远古三峡的神话传说，也是道教的重要组成内容。

  锤（钟）原是盛酒器，但自西汉始，锤主要作为盛放粮食的容器被广泛使用，并有容量规定。锤还作为随葬品在汉墓中大量出土，所见以彩绘陶锤、釉陶锤、青瓷锤最多，一般纹饰有狩猎纹、人物出行等图案。这件彩绘黄釉陶锤在装饰上与众不同，是研究汉代文化难得的实物资料。

道是吉祥佛无畏

摇钱树座上的铜座佛像

东汉
座，长14.4cm　宽14.4cm　高7.8cm
摇钱树残高8.5cm
重庆丰都槽坊沟汉墓出土

2001年，丰都槽坊沟汉墓出土了一件灰陶摇钱树座，座身左侧阴刻隶书"延光四年五月十日作"（延光四年即公元125年）。摇钱树座树枝残件上立有一佛像，高发髻，着袒右袈裟，右手施无畏印，衣纹呈凸棱状，腹以下残，是目前国内时代最早的、有确切年代的佛像之一。

川渝地区大量出土的东汉时期摇钱树具有升天神树的性质和富贵吉祥等涵义，通常铸有西王母、神兽等形象。在摇钱树上铸佛的形象，是佛教自西汉来华之初依附道术的重要例证，在中国佛教史和佛教艺术史上，具有十分重要的意义。

第四单元
三峡工程

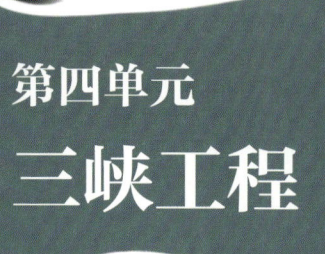

　　宏伟的三峡水利枢纽工程，不仅有三峡百万移民的无私奉献，而且是中国人民勇气和智慧的体现，更是当今世界现代化科学技术的结晶。三峡枢纽工程竣工以后，彻底改变了长江的面貌，瑰丽三峡与雄伟的大坝建筑珠联璧合，让你不由得感叹大自然鬼斧神工的奇巧和现代科技改天换地的神奇。

> **小知识：三峡工程文物保护**
> 　　长江三峡历史悠久，文化积淀丰厚，是华夏文明的重要组成部分。三峡文物保护工作，创下了世界上专业工作者参与最多、资金投入量最大等多项纪录，是一项广为世界关注的文明工程。
> 　　1992年以来，全国逾110家文物考古和保护机构、超过5万人次参与了三峡库区文物考古及研究，完成了文物保护规划共计1087处文物点的抢救保护：发掘地下文物点（古遗址、古墓葬）723处，出土文物24万余件（其中珍贵文物6万余件）；对364处古建筑、石窟寺、石刻、桥梁等地面文物，采取了异地重建、原地加固、切割、留取资料等保护措施。

移民金色奖杯

这是百万三峡移民共同获得的一座奖杯，也是一座历史的丰碑。

2002年末至2003年初，中央电视台举办了"感动中国2002年度人物"评选活动，以"感动中国"为主题，评选出了十位年度人物和一个特别贡献奖。候选人来自各个领域，但他们共同的震撼人心的人格感动了整个中国。其中，三峡百万移民因为"舍小家为大家"荣获特别贡献奖。"让三峡博物馆代表移民收藏这段历史，让三峡博物馆成为移民的精神家园。"

2003年7月3日，三峡百万移民获得的"感动中国——2002年度人物"特别贡献奖的奖杯和证书，正式被重庆中国三峡博物馆收藏。

百万移民为亿万

龟卜

唐代
长16.8cm 宽9.9cm
旧藏

龟卜隶属于骨卜，是依据龟甲兆象的头、身、足的形象来卜事，是最古老的占卜方法之一，可以追溯到新石器时代。

三峡地区自古以来就有崇尚巫术、占卜的传统，早在先秦时代人们就用这种方式来趋吉避凶，这是在云阳李家坝出土的唐代龟卜，是目前在三峡地区发现的较完整的一片龟卜，极其珍贵。

上古时期，龟因其长寿、生命力顽强且能水陆两栖的自

灵龟千年口不食

壮丽三峡

然属性被先民崇拜。那时，人们受生产力和生产条件的限制，认识自然的能力有限，也难以抵御自然灾难和病痛饥饿，因而寿命短暂；而龟最突出的特点是长寿，先民自然会对其产生崇拜和敬仰之心，于是，龟成为人们心中的一种灵物，被赋予了通天和通幽的功能。

唐代石板路

唐代
重庆云阳明月坝

石板尚留唐滋味

这是在重庆云阳明月坝发现的一块唐代的石板路的路石，有1400多年的历史了。

在三峡文物保护工程中，2000—2003年，四川大学考古队发掘了云阳明月坝的唐代集镇遗址，清理出唐宋时期的寺庙、官署、店肆、道路等市镇遗存，这里陈列的是明月坝遗址的一部分石板路面。专家们认为明月坝遗址所在的澎溪河曾是唐代云安井盐外运的重要通道，由此可以想象勤劳的三峡人民背负盐包在这条石板路上络绎前行的情景。

小知识：遗存

　　遗存是考古学术语，包括遗迹、遗物。无论是遗迹还是遗物，都是文物。

　　遗迹，是指人工建造的各种工程和遗留下来的各种痕迹。如：聚落（村落、城市）、建筑、墓葬、道路、人类留下的脚印等。

　　遗物，是指人类制作和使用的各类物品。如：工具、武器、日用器具、装饰品等，也包括墓葬的随葬品和墓中的画像石、画像砖及石刻、封泥、墓志、买地券、甲骨、简牍、石经、纺织品、钱币、度量衡器等。

　　博物馆里陈列的多是遗物，但遗迹也是考古学研究的重要内容之一。

众佛之所石崖凿

佛龛造像

唐代

长304cm　宽59cm　高341cm

重庆忠县龙潭河

　　忠县龙滩河佛龛是晚唐时期开凿的，由于其位于135米水位下，出于对文物的保护2003年将其切割安装在此。佛龛为拱顶式浅龛，年代久远，许多已经风化，这两座佛龛没风化前将近30吨，可以想见其切割之困难。

　　龛，原指掘凿岩崖为空，以安置佛像之所。如我国云冈、龙门等石窟，四壁皆穿凿众佛菩萨之龛室。后世转为以石或木做成橱子形，并设门扉，供奉佛像，称为佛龛。

武士护送一帆顺

三彩武士俑

北宋

高40cm

重庆奉节县李家坝宋代砖室墓出土

  这件三彩俑为随葬器物。该墓的随葬品以三彩陶俑为主，另外，还有四神俑、文吏俑、武士俑、镇墓俑等，陶俑皆施黄釉、绿釉，色泽鲜艳，神态栩栩如生，生活气息浓郁，生动展示了宋代三峡地区的社会生活百态。

  据此墓墓志记载：墓主人为老年女性，北宋绍圣二年（1095年）三月二十日过江入城，傍晚乘船返回，船倾翻，溺水而亡。

金腰带扣饰

南宋
总长107.2cm　宽6.8cm
重庆南川区出土

这件金腰带出土于重庆南川区人民医院基建工地发现的南宋绍兴二十五年（1155年）石室墓中。由1块圆形、11块正方形和2块长方形饰件组成，除1块方形饰件系乌银制外，其余为金制。每块边缘都有高起的边框，框内有缠枝荔枝纹图案，显得华贵而庄重。其制作工艺采用了锤揲（yè）、掐丝、焊接等技法，是一件工艺精湛的金银饰品。这种形制的金银腰带主要出土于宋元墓葬中，全国发现的同类腰带仅四件（组），具有极高的艺术、历史、文物价值，是难得的金银饰品。

"采章服饰，本明贵贱。"腰带是唐、宋、元、明各代礼制和官阶等级的重要标志。宋人有诗《御仙花》："不逐凡花逞艳娇，移根上苑独清高。君王曾选装金带，侈锡持荷耀紫袍。"由此可以看出，宋代系不系腰带、怎么系腰带，事关重大，即使是九五之尊的皇帝也不例外。

宋代关于腰带的礼制极其繁缛，对官员佩戴腰带的材质有明确等级规定，朝臣中只有四品以上的官员可以用金带、穿紫袍。

采章华服明贵贱

远古巴渝

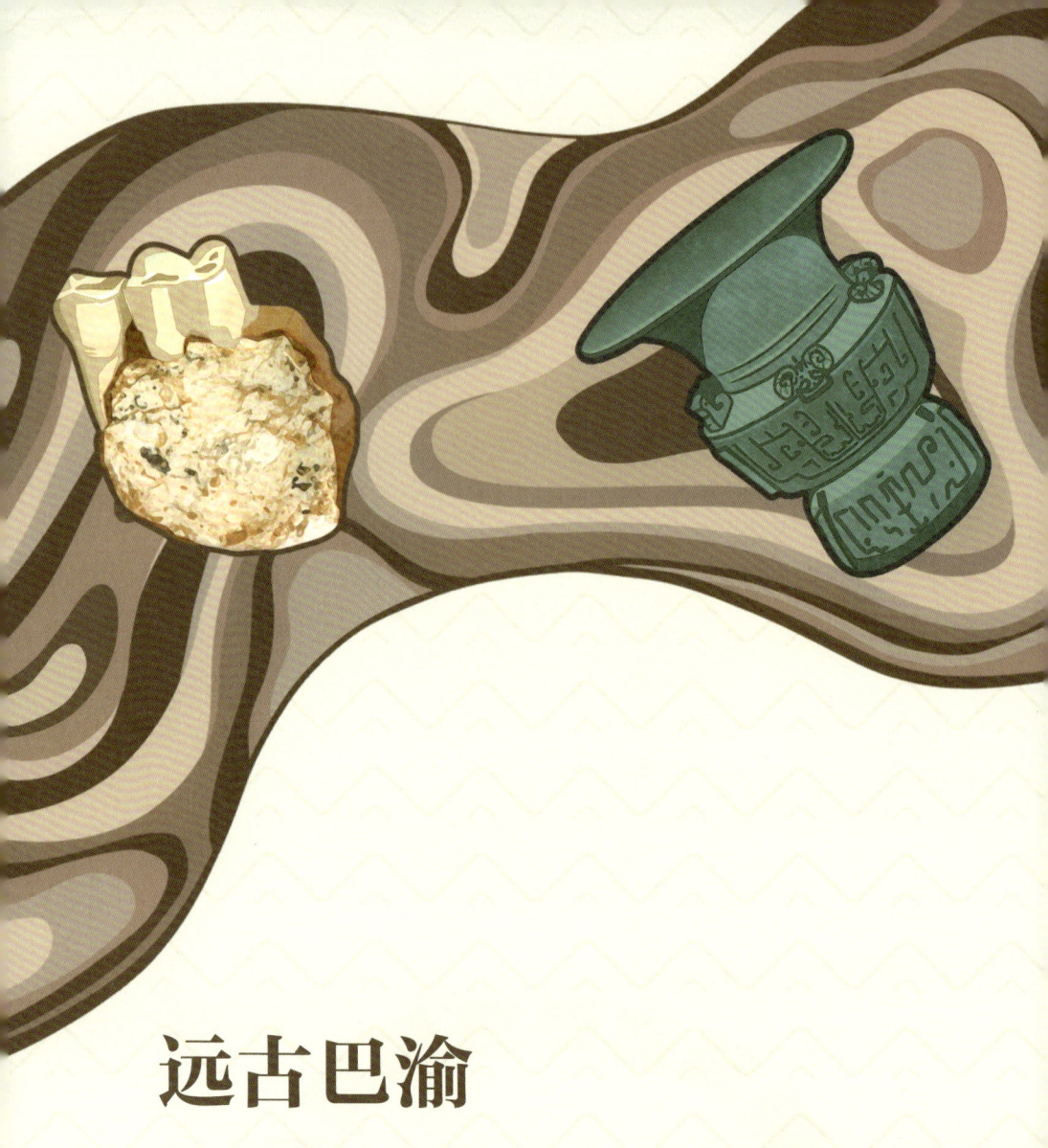

　　巴渝，地处西南一隅，自古交通阻隔。因此，这里的古文化面貌，如巫山神女一样神秘。在学者们的不懈探寻下，这片土地的辉煌历史，卷轴画般缓缓展开。

　　这里是人类起源的重要地点之一，这里有人类最古老的艺术遗存，这里是我国古代南北方、东西部文化交流、融汇的重要通道。大溪彩陶、玉溪石器，传承着文明的火种。商周以降，原居江汉平原的巴人进入峡江，

繁衍生息，开疆拓土，打造了独具特色的巴文化、巴王国。经历战争的烽烟后，巴国虽不复存在，中原文化却逐渐整合了巴文化，并使之成为华夏文化的有机成分。

时间的长河中，史前记忆无可避免存在盲点。人类的情怀里，血脉的涌动从来都不会停滞。巴人渝地的古文化遗存，不仅激起了世人关注和研究的兴趣，也引起了现代峡江人强烈的文化共鸣。

第一单元
东方人类的摇篮
——旧石器时代

　　人类最初使用打制的方法制造石器的时期被称为旧石器时代。这一时期人类经历了直立人（猿人）、早期智人（古人）和晚期智人（今人）几个阶段的进化。工具逐渐从粗放、单一向精致与复杂发展，并逐渐懂得了人工取火和营建住宅。人类的社会组织基本属于游团性质，经济活动还处于渔猎采集阶段。

　　重庆市乃至三峡地区在数百万年前气候温暖、植被茂盛，因而成为人类起源的地区之一，生活在距今约200万年前的巫山猿人是目前亚洲发现的最早的猿人。这里已经发现了许多旧石器时代的文化遗址，并且是少有的序列相对完整的地区，是早期人类活动的重要地区之一。

旧石器时代早期

旧石器时代早期是人类历史的开端，距今约300万年到20万年。中国是发现猿人和旧石器时代早期遗址最丰富的国家。青藏高原和云贵高原那时还没有抬升到现在的高度，因而和今天相比，长江三峡一带气候更为湿热，森林更加茂盛，这样的环境非常适合人类生存。巫山人的发现为人类起源"亚洲说"增加了证据。

在这个阶段，人类学会了使用火，这为进化提供了至关重要的助力。

遥远巫山胜蓝田

巫山人左侧下颌骨化石

旧石器时代早期
重庆巫山县庙宇镇龙骨坡出土

这件下颌骨化石是馆藏的十大镇馆之宝之一。

该化石是由黄万波教授带队发掘的，经地磁测年法确定这颗牙齿化石的年代为距今204万年。

这是一段残缺的左侧下颌骨，上面还带有两颗臼（jiù）齿，它非常粗大，与类人猿相近，从牙冠的磨蚀程度看，属于老年个体。它的出土改写了中国乃至亚洲古人类起源的历史，比已知最早的云南"元谋人"还早30万年，比陕西"蓝田人"早90万~130万年，支持了"人类多地起源"的学说。

洪荒天地泥销骨

中国乳齿象扬子江种右下第三臼（jiù）齿

旧石器时代早期

长18cm

重庆巫山县庙宇镇龙骨坡出土

中国乳齿象属是迄今旧大陆发现的嵌齿象科（三棱齿象）成员中唯一的短颌代表。

小种大熊猫头骨

旧石器时代早期
重庆巫山县庙宇镇龙骨坡出土

小种大熊猫化石，年代测定为距今180万年至248万年，是中国发现的最早的小种大熊猫化石，小种大熊猫被公认为是大熊猫的老祖宗。小种大熊猫化石在巫山龙骨坡被发现，证明大熊猫不但起源于龙骨坡，而且还在长江流域繁衍。小种大熊猫大约活跃在200万年前，体长为一米左右，比矮熊猫大一些，但是比不上现存的大熊猫。

旧石器时代中期

距今20余万年，人类由直立人阶段发展到早期智人（古人）阶段，其物质文化也进入旧石器时代中期，这一时期的三峡地区依然保持暖湿的亚热带森林环境。此时不仅有洞穴遗址，而且普遍出现了旷野遗址。石器为砾石工业传统，与南方地区基本保持一致。刻画艺术开始萌芽，遗址数量大大增加，旧石器文化的发展进入繁荣阶段。

原始刻划出洞穴

剑齿象牙刻

旧石器时代中期

长184cm

重庆奉节县兴隆洞出土

　　剑齿象牙刻，呈黄白色，通体光滑，长达184厘米。划纹集中在牙齿远端，线条粗犷有力，图形抽象。其中有两组最为醒目，第一组刻画纹由六根线条组成，第二组由四根线条组成。这些线条构成简单的三叉形、十字形、羽冠形等，目前尚不明确图案的具体含义。

　　一些专家认为这件剑齿象牙刻应为人工产品，已经有14万年的历史。它比有记载的欧洲的刻画艺术早十万年，比非洲刻画艺术早六万年，是世界上最早的刻划艺术品。

野猪牙齿

旧石器时代中期
长 1.4~3.9cm
宽 1.2~2cm
高 0.8~1.8cm
重庆奉节县兴隆洞出土

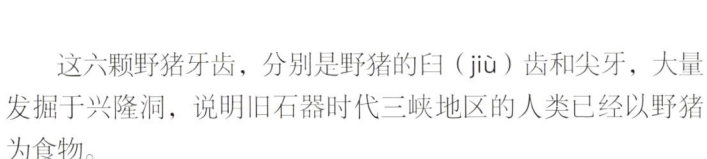

獠牙沧桑见炊烟

　　这六颗野猪牙齿，分别是野猪的臼（jiù）齿和尖牙，大量发掘于兴隆洞，说明旧石器时代三峡地区的人类已经以野猪为食物。

石核、石片

旧石器时代中期
重庆丰都县高家镇出土

飞石锋利捕野食

　　这些石核、石片原料一般都是就地取材，从附近的河滩上或者从熟悉的岩石区拣拾石块，选择椭圆形和长条形的砾石，使用锤击法和砸击法，将石料（即砾石面）加工成合适的工具。

> **小知识：十万年前的工场**
>
> 　　高家镇遗址位于重庆市丰都县高家镇桂花村二社的长江东岸第三级阶地底砾层中，海拔175米左右。1995年和1998年进行了两次正式发掘，出土了1000多件石制品，主要有各类砍砸器以及尖状器、刮削器、铲状器等。遗址的分布面积大，石制品丰富。其中，石器数量少，石核、石片等半成品数量大，是一处距今10万年左右的石器加工场地。2001年，高家镇遗址被国务院公布为全国重点文物保护单位。

旧石器时代晚期

5万—4万年前,人类跨入旧石器时代晚期,社会形态进入母系制发展阶段。人类进化为晚期智人,体型上和现代人已没有明显区别。石器和骨、角器的制作技术有了巨大进步。

巴渝地区旧石器时代晚期各遗址的出土石器中,砍砸器用砾石直接打制而成,具有南方砾石工业的特点;刮削器大部分由石片制成,又有北方石片石器工业的特征。本地区地理位置适逢南、北方两种石器制作传统分布区的交界地,可见自古以来这里是我国南北方文化交流、融汇的重要通道与走廊。

小知识:烟墩堡旧石器时代遗址

烟墩堡旧石器时代遗址发现于长江三峡工程淹没区的重庆市丰都县,出土标本1万余件,其中石器制品1341件,以砾石为原料,主要采用锤击法打制而成。刮削器以石片石器为主,这在中国南方旧石器遗址中尚属首次发现。

该遗址的发掘和研究在认识南北工业传统间的关系方面具有桥梁作用,为研究中国南方乃至东南亚地区的旧石器文化发展提供了可供对比的研究资料,具有一定的科学价值。

第二单元
巴渝先民的足迹
——新石器时代

　　人类开始普遍使用磨制石器的时代被称为新石器时代，农业和畜牧业的出现是新石器时代的重要标志，它表明人类从攫取性经济逐渐转变为生产性经济。磨制石器、陶器正是经济形态大变化的重要产物，所以它们也是这一时代的基本特征。中国的新石器时代大约为距今12000年前，一般延续至公元前2000年。这一时期，氏族部落社会由盛到衰，中国由平等社会向阶层社会转化，是中国辉煌的古代文明的源泉。重庆地区的新石器时代文化是中国新石器时代文化的重要组成部分。

　　人类在改造自然、改造社会的过程中，因自然环境、发展程度的不同，创造出独具特色的文化。重庆地区的新石器文化既不断与邻近的文化交流、融合，又具有自身比较完整的发展序列。以雄峻的瞿塘峡为界，东、西两种文化系统既相对独立发展又不断碰撞和交流。峡江地区在新石器时代作为重要的文化交流通道，作用得到延续和发展。

三峡第一陶片

新石器时代
长3.3cm 宽2.2cm
重庆奉节县鱼腹浦出土

这件红褐色陶片，器表拍印绳纹，根据出土地层的碳-14年代测定，其年代为距今近8000年，是长江上游地区已知最早的陶片，标志着三峡地区的人们已经开始制作陶器，进入了新石器时代，对于研究旧石器时代向新石器时代的过渡具有深远的科学意义。

第一陶片八千年

水鹿角带残破头骨

新石器时代中期
长46.5cm 宽29cm
重庆丰都县高家镇玉溪遗址出土

这件坚硬的水鹿角下方带有一小段残破的水鹿头骨，水鹿角左右的分枝均为三个，右侧分枝有残缺。从丰都县高家镇发掘出数量较多的水鹿角，说明在新石器时期，大量水鹿曾生活在三峡地区，同时也说明狩猎已经是新石器时代主要的生活方式。

今天，野生水鹿的数量已经大为减少，在某些产地甚至已濒临绝灭，目前在中国的总数估计有两万多只，被列入中国《国家重点保护野生动物名录》二级并被《世界自然保护联盟濒危物种红色名录》列为易危物种。

易危物种联盟护

绳纹水纹相呼应

折沿深腹罐

新石器时代晚期

高32.3cm　口径30cm

重庆丰都县玉溪坪出土

　　这是一个典型的玉溪坪文化夹砂灰陶罐，表面数十道中细的绳纹清晰可见，绳纹之间遍布细小花纹交错而成的细菱格纹，这也表明当时的人类已经有一定的审美能力。此罐主要用于储存物品或烹煮食物。另外，绳纹还起到加固器体的作用。

　　这个大陶罐沿口下有两个钻孔，便于穿系绳索，一个孔穿一根绳子，便于在山间背水或食物。

苏和坪原始房屋复原图

小知识

玉溪坪文化

玉溪坪文化距今5000—4600年，因重庆丰都县长江右岸的玉溪坪遗址新石器时代晚期遗存得名。

该遗址的陶器以夹砂褐陶为主，有部分泥质灰陶、泥质磨光黑皮陶等，纹样丰富，多以泥条盘筑法成型。种类有罐、壶、钵（bō）、盘、器盖和杯等。石器多通体磨光，斧、锛（bēn）、（圭形）凿等工具较常见，另外还有镞（zú）、矛、铲等，房屋以平面呈长方形的单间或多间干栏式建筑为主，墓葬均为小型土坑竖穴，葬式为仰身直肢葬。

玉溪坪文化对外影响较大，从湖北宜昌到四川北部等地区都可见其踪影。

苏和坪原始房屋遗迹

苏和坪遗址位于万州长江南岸一级阶地上，该遗址的新石器时代遗存属于玉溪坪文化，有多座新石器时代的房址。这些房址有柱洞、门道、红烧土居住面和残墙体，屋内有较完整的灶坑，有火塘和烟道。从墙体的红烧土块看，为经火焙烧的竹骨泥墙。屋内出土了较多生活用陶器。苏和坪原始房屋遗迹是三峡地区保存最好的新石器时代建筑遗迹，对于研究玉溪坪文化的居住形态和家庭结构具有十分重要的作用。

峡江古器遍细纹

深腹缸

新石器时代晚期
高36cm　口径31cm
重庆忠县哨棚嘴出土

　　这是一个上大下小的深腹缸，表面遍布细纹，材质为砂陶，器形类似于今天的冰激凌桶，主要用途是储存物品。

器盖

新石器时代晚期
高8cm　口径27.4cm
重庆忠县哨棚嘴出土

　　这是一个保存十分完好的陶制器盖，提钮简洁方便，盖面遍布十道精美的绳纹。

小知识：哨棚嘴文化

　　哨棚嘴文化因重庆忠县哨棚嘴遗址的新石器时代末期遗存而得名，距今4000年左右。出土器类有罐、缸、盆、壶、豆、钵等。房屋多为地平式建筑，墓葬多为窄小的土坑墓，葬式为仰身直肢葬，随葬品简单而统一。该文化在重庆峡江地区的遗存数量非常多。

草叶纤长饰彩陶

彩陶罐

新石器时代晚期

高10cm　口径15cm

重庆巫山县大溪镇出土

　　这件彩陶罐是大溪文化的典型代表，出土于重庆市巫山县大溪镇人民医院。陶罐通体呈浅红色，罐身上绘有三缕纤长的黑色草叶，体现了远古先民对周围环境的观察和描摹。

小知识：大溪文化

　　大溪文化距今6000—5000年，是"20世纪中国百大考古成果"之一。遗址出土了大量精美、色彩艳丽的陶器，陶色主要是红色和黑色。其总体特征是：陶器以红陶为主，盛行各种戳印纹，有少量彩陶，多为红陶黑彩，常见绹（táo）索纹、横人字纹、条带纹和涡纹，盛行渗碳工艺，与黄河流域的仰韶文化交相辉映。

红彩之器映中原

圈足罐

新石器时代晚期
重庆巫山县大溪镇出土

这件陶圈足罐，盘口、矮圈足，夹砂红陶，是较为常见的陶器，主要用于炊事。

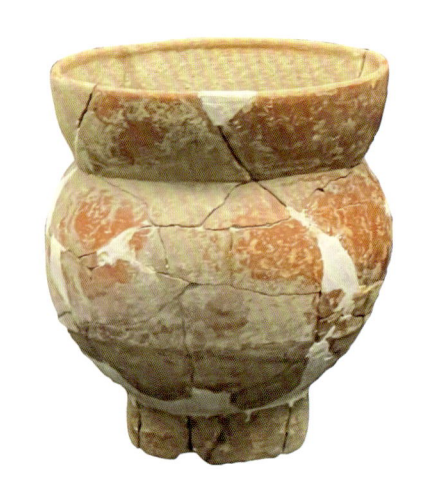

圈足古碗传千载

圈足碗

新石器时代晚期
高7cm　口径15.3cm
重庆巫山县大溪镇出土

这件陶圈足碗，盘口、矮圈足，夹砂红陶，是较为常见的陶器，这种6000年前出现的圈足碗样式，至今仍被沿用。

石斧

新石器时代晚期
重庆巫山县大溪镇出土

　　这件石斧，斧面十分光滑，石质坚硬，经过磨制棱角分明，刃口十分锋利，斧身厚重，散发着青幽的光泽，是原始人重要的武器和工具，主要用于砍伐、战争、祭祀等多种用途。

砍伐征战手中握

龟壳

新石器时代晚期
长41cm　宽34cm
重庆巫山县大溪镇出土

　　这枚巨大的龟壳出土于巫山县大溪镇，究竟是巫师占卜还是作法时的响器，至今无定论。

问天问地无定论

远古巴渝　057

柴火灼食焰不灭

支座

新石器时代晚期
高21.5　底径17cm
重庆巫山县大溪镇出土

　　三峡地区的大溪文化烹煮食物时以石块或支座为支撑，作为炊器的底座和支架，表面常有戳印、刻画纹样和符号。
　　支座最上端为实心，支撑面为椭圆形小坡面，下部中空，呈圆锥体状。其中，左边支座表面花纹繁复，有绳纹、条纹、圆点，右边上顶面有半环形把手，表面为戳纹。

小知识：渔猎经济与农业

　　独特的地理环境和丰富的动植物资源，使三峡地区农业的起步、发展相对滞后。玉溪下层遗存中，充满人们使用后抛弃的各种动物骨渣，说明当时的经济生活主要是渔猎。新石器晚期的玉溪坪—哨棚嘴文化各遗址，出土动物骨数量明显减少，渔猎经济可能已处于辅助地位。磨光石器的增加和打制双肩石锄是农业经济的具体体现。
　　在峡江地区，这种山地农业与渔猎并存的经济形态，一直持续到青铜时代。

齐聚幽冥为哪般

五人合葬墓

新石器时代晚期

重庆巫山县大溪镇出土

　　此五人合葬墓是从巫山县大溪遗址现场原封不动切割回来的。一座墓内埋葬五人，最右边为一个成年女性，紧挨着的是一个成年男性，左边三人为未成年人。成年男性的肋骨处斜插了一根骨锥，左边第三个孩子少了一条右腿。他们为什么这样离奇地死亡呢？考古工作者猜想，他们也许是违背了氏族部落的某些禁忌而遭受惩罚。是什么原因导致他们同时被埋葬在一个墓葬中呢？目前还不得而知。大溪遗址早期常出现多人合葬墓，晚期多单人和双人合葬墓，有学者认为，其早期社会可能尚处于母系社会，晚期则进入了父系社会。

远古巴渝　059

串串美饰坠胸前

贝壳项链

新石器时代晚期
重庆巫山县大溪镇出土

　　这串贝壳项链由精选出的规格一致的小贝壳串制而成，贝壳居中穿孔，边缘经过磨制，共有数十串之多，说明当时人们已经将贝壳作为主要的装饰品。

稻痕轻轻印彩陶

水稻痕陶片

新石器时代
长8cm　宽5.59cm　厚5.5cm
重庆云阳县大地坪遗址出土

　　这两块陶片上，布满了水稻留下的印迹，经考古鉴定，这些水稻性质类似现代栽培稻。由此可以知晓，在5000—4500年前，三峡地区已经开始种植水稻。

第三单元
激荡的巴山渝水
——青铜时代

经过铜石混用的初级阶段,人们逐步将铜的冶炼技术应用于日常生活,这标志着人类社会已进入青铜时代。这时人类改造自然的能力极大提高。经济、政治和文化水平也进入新阶段。

我国各地区的青铜时代大体相当于历史上的夏、商、西周、春秋等时期。三峡地区的青铜时代要晚一些,商周时期,巴文化虽然已经有青铜器,但使用尚不普遍。春秋战国时期,巴渝地区的青铜文化已相当发达。作为成都平原与江汉平原间交通走廊的巴渝,其青铜器受到蜀、楚、秦等周边文化长期而明显的影响。

巴人面临强敌压迫和艰苦自然环境的挑战,抗争和奋斗从未停止。在巴人的青铜文化中,兵器处于十分重要的地位。基于渔猎兼农耕经济的巴文化,是我国青铜时代发展程度最高的山地文明,与同时代农耕经济的平原文明和游牧经济的草原文明相比,具有显著差异。

我自横刀留青名

巴蔓子将军雕塑

  巴蔓子为古巴国忠州（今重庆忠县）人，战国时期的巴国将军。公元前4世纪，巴国内乱，当时巴国国力衰弱，巴蔓子将军不得已，以割让三座城池为条件向楚国求救。楚王立即派兵援助，很快就平息了动乱。

  楚王派使者前来索要巴蔓子许下的三座城池。巴蔓子认为不履行承诺是为无信，但是割让国土是为不忠，蔓子便慷慨作答："吾宁可一死，以谢食言之罪。"于是拔剑自刎。楚国使臣只得将巴蔓子的头颅带回复命。楚王听罢不禁深受感动，下令以上卿之礼埋葬了巴蔓子将军的头颅。

  巴蔓子以头留城、忠信两全的故事在巴渝大地传颂，体现了巴人的爱国主义精神和英雄主义气概，他激励着一代又一代的重庆人，成为巴渝大地的精神象征。

玉具剑

战国
长63cm
重庆涪陵区小田溪墓群出土

　　这是一把战国时期的玉具剑,是高级贵族专用的装饰剑,上面镶嵌玉既有美观效果,又是身份和地位的象征。
　　在剑柄与剑鞘上镶嵌的玉饰,称为玉剑饰;饰玉的剑称作玉具剑。

柳叶形剑

战国
长24cm
重庆涪陵区小田溪墓群出土

　　巴人长久以来都面临着强敌压迫和艰苦自然环境的挑战,抗争和奋斗从未停止,巴族自形成以来和战争的联系就十分密切,可以说巴族的历史就是一部巴族对外战争史。在巴人的青铜文化中,兵器处于十分重要的地位,巴文化的特征有很多方面体现在兵器上。柳叶形青铜剑是最典型的兵器,这种剑薄而锋利,是近身搏斗的利器。

倚天万里须长剑　飞柳残剑诉云烟

单车长戟醉沙场

铜戟（jǐ）

战国
重庆涪陵区小田溪墓群出土

戟是战国时期的一种复合兵器，将矛和戈结合在一起，同时具有冲刺和钩砍的功能，极大地增加了武器的威力，在车战盛行的时代十分流行。圆筒形的柲（bì）是戟尾端保护戟杆的部件。

一生奋起挥黄钺

圆刃折腰铜钺（yuè）

战国

重庆涪陵区小田溪墓群出土

巴人十分骁勇善战，他们铸造的适合近身搏斗的短兵器数量远多于长兵器数量，圆刃折腰铜钺就属于巴人典型的短兵器。

中原气象巴国尚

三羊尊

商代

高43.8cm　腹围106cm　口径42cm　底径23.5cm

重庆巫山县大昌镇出土

　　这件三羊尊是馆藏的十大镇馆之宝之一，是目前重庆地区出土最早的青铜器。

　　三羊尊是商代的一件大型盛酒器。它的肩部有三个对称的羊头和鸟形装饰，腹部有夔龙纹装饰。考古学家们根据其形状、纹饰等推断它制作于商代中后期。此尊具有浓厚的中原文化特征，说明中原文化当时已逐步影响巴国。

　　在河南省安阳市殷墟曾出土过一件三羊尊，现藏于故宫博物院。对比这两件尊，即能看出中原文化与巴国文化的交融。

陶甗（yǎn）

东周
高61cm 口径38.2cm
重庆巫山县大溪乡出土

蒸肉炊藜有佳器

这件陶器叫作甗，是一种蒸食物的炊器，用途类似现在的蒸锅，上半部分用来放置食物，下半部分加水蒸食，中间架有带孔的箅（bì）子承托食物。甗三足支地的设计，增大了受热面积，加快了蒸煮食物的速度。

春秋战国时期的古巴渝地区具有巴楚文化的特征。大约以现在的忠县为界，在忠县以东，楚文化从早到晚由东向西发展；在忠县以西，巴文化逐渐向西退缩。此时出土的青铜器和陶器制作更先进，陶器往往有彩绘纹饰，线条细密，图案繁缛。

花边圜（huán）底罐

战国
高11cm 口径9.5cm
重庆涪陵区小田溪墓群出土

巴人制罐熬盐兴

三峡地区盐泉丰富，巴人控制着这个宝贵资源，他们制作这样的红陶花边口圜底罐熬盐，用盐与周边民族展开贸易，建立了一个农业资源贫瘠却"不耕而食，不织而衣"的乐土。现在西南方言中的盐巴，体现的便是盐与巴人之间的密切联系。

远古巴渝　067

俎（zǔ）豆夹

战国
俎，高44cm 径35cm
豆，高7cm 口径14cm
夹，长13cm 宽3.6cm
重庆涪陵区小田溪墓群出土

巴王饭桌铜来作

　　这套俎豆夹出土时铜俎都有铜豆相伴，铜豆或放置于铜俎之上，或散布于铜俎周边，这种情况为目前国内仅见，被形象地称为"巴王小饭桌"，反映了巴人上层社会饮食、礼仪文化风俗。

　　在古代，俎和豆是祭祀或宴飨时常用的两种器具。《说文》记载："俎，礼俎也""豆，古食肉器也。"后世常将这两类器物并称，用来泛指各种祭祀场所使用的礼器，并几成祭祀礼仪行为的代名词。

　　迄今为止，国内考古发现的先秦时期的俎用材大多为木头，形状为长方形或近长方形，并且带有长支脚，类似案几。

生浮舟上 逝浮舟

船棺

战国

长535cm　宽85cm

　　船棺以船形木为棺。土葬船棺发现于四川境内，时代为战国至西汉前期，是巴蜀地区的葬俗。尸体、随葬品放置在中部舱（长方形凹槽）中，上有木盖。墓坑为土坑竖穴，随葬品多铜器和陶器，后期出现了少量铁器和漆器。舟船是人们从事生产与生活不可或缺的交通工具，人们生前善于用舟，死后以船安葬。

　　这件船棺由整根楠木雕凿，体现了巴人与船生死不离的关系。

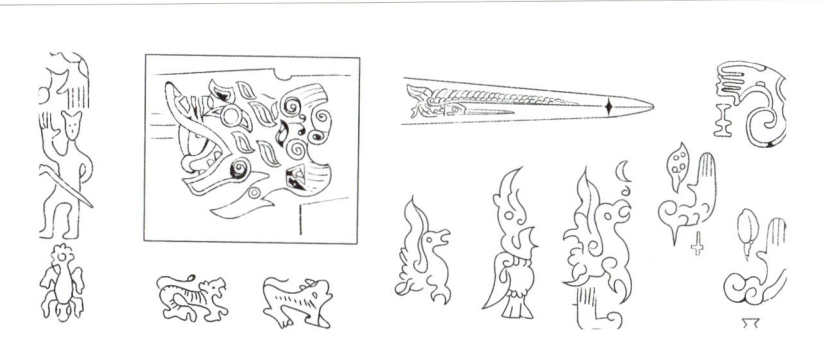

小知识：巴人的文字符号

　　在巴人的青铜器和印章上有大量符号，常常使观赏者和研究者都为之着迷。其除了作为装饰性纹饰以外，表达某种含义的意味十分强烈，这在多种符号组合的情况下更为明显。

　　专家普遍认为这是一种早已失传的文字。目前，由于缺乏长篇连续的文字连成句子，串解其内容仍然是艰巨的任务，这使得巴人的文字符号成为世界上为数不多的尚待解读的古代文字。

远古巴渝　069

金戈铁戟展旌旗

青铜戈

战国

重庆九龙坡区冬笋坝出土

　　青铜戈是受周边文化影响出现的兵器种类，具有击刺、勾啄等多种功能，一般认为其由镰刀类工具演化而来的，盛行于中国商朝至战国时期，流行于商朝至汉朝。其构造一般为平头，横刃前锋，垂直装柄。其端首处有横向伸出的短刃，刃锋向内，可横击，又可用于勾杀；外刃可以推杵，而前锋用来啄击对方。

　　文献中还有很多关于戈的记载。当年武王伐纣，战于牧野，《尚书·牧誓》中就有这样的记载："称尔戈，比尔干，立尔矛，予其誓。"意思是，举起你们的戈，排列好你们的盾，竖起你们的矛，我们来宣誓。而在牧野之战中，很多商兵更是"倒戈相向"，纷纷帮助周军攻打朝歌城。于是后来，人们便把投降称为倒戈。

　　戟（jǐ）与戈长相相似，装有长柄，是戈和矛合成的击刺兵器，既在尖端装有锋利的直刃（矛），又有横刃（戈），呈"十"字或"卜"字形，其杀伤力远胜于戈。

精美之作祭天地

鸟形尊

战国
长28cm　宽16.8cm　高29cm
重庆涪陵区小田溪墓群出土

　　鸟形尊是馆藏的十大镇馆之宝之一。
　　它的整体造型是一只特征怪异的鸟，头顶有冠，嘴巴阔而短，有两个大耳朵，体态肥大，短尾巴，还有一双蹼足，在其身子和脖子上都有羽毛形纹饰，有的地方原来还镶嵌了绿松石等宝石，但因年代久远已脱落。
　　尊在古代本是盛酒器，但这件尊除嘴上有倒酒的孔外，身体其他部位均没有灌酒的口，因此并不具备实际用途，很可能只是一件装饰品，用于祭祀场合。它制作精细，独一无二，应该是巴人受中原地区鸟兽形尊的影响造出的器物，是巴人青铜工艺的代表作品。

鸣金收兵錞于王

虎钮錞（chún）于

战国
高68cm
万州博物馆旧藏

  这件虎钮錞于是馆藏的十件镇馆之宝之一。

  虎钮錞于在红旗水库泄洪道巨石缝中被发现。虎钮的周围，分布着五组图语："椎髻人面""羽人击鼓与独木舟""鱼与勾连云纹""手心纹""神鸟与四蒂纹"。

  战国时期，虎是巴人的精神信仰。虎钮錞于是巴人的代表性青铜器，是军乐器，其顶部用老虎装饰，使用时将一根绳子从老虎肚子下方穿过，把錞于悬挂起来，用木槌敲击其腹部发出声响，指挥战士收兵，类似于鸣金收兵。

  錞于是古代打击乐器，始于春秋时期，在军队之中不仅可以用声音传递信号，而且还能调动士兵情绪，鼓舞士气，进而达到增强战斗力的目的。该虎钮錞于有"錞于王"之誉。图语对研究巴文化而言是极为重要的资料。

铃铛

战国

长5cm　宽3.2cm

重庆云阳县平扎营出土

　　铃铛的形制较小，应该是随身携带的装饰类乐器。在乐器之外还有一种乐器——銮铃，这种铃铛呈镂空圆球形，球内在铸造时放入两个圆形石块作为铃舌，下面有銎（qióng）以纳柄，应该是车马装饰的一部分。

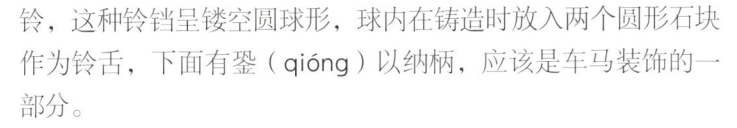

叮当奏响车马行

龙形铜带钩

东汉

长15cm　宽5cm

涪陵博物馆旧藏

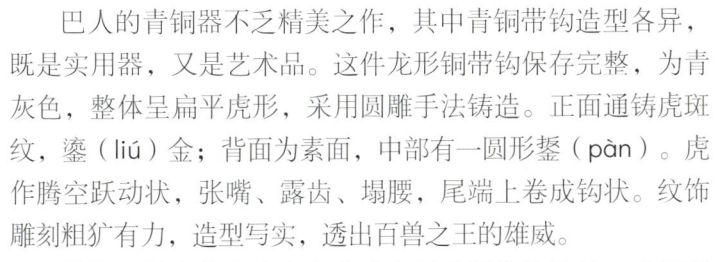

　　巴人的青铜器不乏精美之作，其中青铜带钩造型各异，既是实用器，又是艺术品。这件龙形铜带钩保存完整，为青灰色，整体呈扁平虎形，采用圆雕手法铸造。正面通铸虎斑纹，鎏（liú）金；背面为素面，中部有一圆形錾（pàn）。虎作腾空跃动状，张嘴、露齿、塌腰，尾端上卷成钩状。纹饰雕刻粗犷有力，造型写实，透出百兽之王的雄威。

　　带钩，是古代贵族和文人武士所系腰带的挂钩，多用青铜铸造，也有用黄金、白银、铁、玉等制成的，起源于西周，战国至秦汉广为流行。魏晋南北朝时逐渐消失。

飞虎临风系腰间

远古巴渝　073

重庆·城市之路

　　重庆是一座具有悠久历史、灿烂文化和光荣传统的历史文化名城,特别是19世纪以来,重庆作为中国西部的内陆城市快速崛起:从一个地区商贸中心,发展成为开放的、连接我国中西部的战略枢纽,从古代的区域性军政要塞,正努力成为长江上游地区的经济中心;从反抗殖民冲击、推翻封建帝制、历经抗战烽火、荣膺西南首府的英雄城市,发展成为中国最年

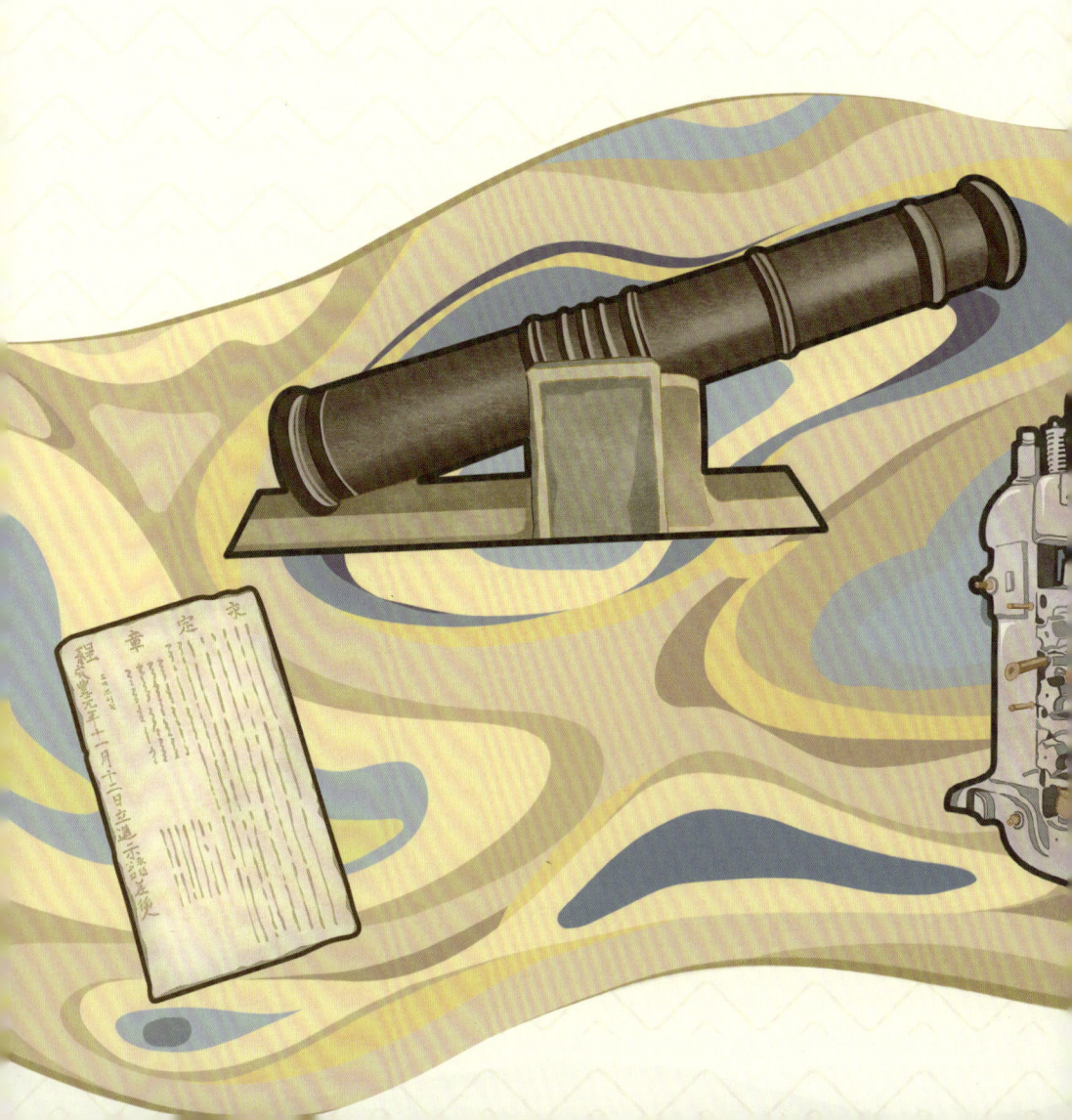

轻的直辖市，一个立足中国内陆，面向五湖四海的国际性名城。不论是过去还是今天，重庆在中华民族的发展史上留下了深深的印记，产生了巨大的影响。

"重庆·城市之路"展览从城市变迁、商贸金融、工业崛起、英雄城市等方面展示了重庆城市近代化的成长历程。这是一条历史之路，这条路不仅是对重庆昨天的顾念，而且是对重庆更加辉煌的未来的祈盼。

石砌"将军"护百姓

明代大炮

明末，重庆官府为镇压张献忠率领的农民起义军，阻止其攻打重庆，在江津制造防城大炮"三将军"，安放于重庆千厮门炮台街（今沧白路），炮台用条石砌成。

一石缔约消纷争

合川船帮《永定章程》碑

清代
碑身高137cm　宽74cm
征集

该碑原位于重庆合川鸭嘴码头，碑文记载了清咸丰元年（1851年），合川县衙协调三河船帮与协办差徭人员在征收厘金过程中发生纠纷的经过。三方意见统一后，将船帮应缴纳的厘金数刻于石上，称为《永定章程》。

第一单元
城市变迁

　　重庆周朝时为巴国国都。公元前316年，秦灭巴国，设巴郡。在此后漫长的时期，重庆一直是一个区域性的政治军事中心。

　　重庆的近代化是从它成为通商口岸开始的。1890年3月，中英在北京签订《烟台条约续增专条》，英国取得了在重庆开埠通商的权利。1891年正式开埠后，重庆成为长江东西贸易主干道的起点和长江上游商品的集散中心。重庆随着经济的繁荣逐步发展起来。

　　20世纪20年代是重庆城市发展的重要十年，市政机构经历了商埠督办处、市政公所、商埠督办公署、市政厅、市政府等几个重要发展阶段。

　　1929年2月，重庆正式建市，这标志着重庆城市近代化过程中，在城市管理方面已经向系统化管理发展。市政机构逐步完备，有力地促进了市政建设和城市经济的发展。

　　1937年11月20日，国民政府发表《国民政府移驻重庆宣言》。

　　1939年5月5日，重庆市成为直辖市。

　　1940年9月6日，国民政府又将重庆定为陪都。抗战期间，重庆政治地位提升，且由于沿海及沿江地区大约400多家工厂、100万以上人员陆续迁移到重庆及其附近沿江地区，重庆城市发展达到了前所未有的规模。

　　重庆古城的城垣、城门全用大条石构筑而成，保存至今的通远门和东水门古城门、古城墙遗址，雄风依旧，古韵犹存。

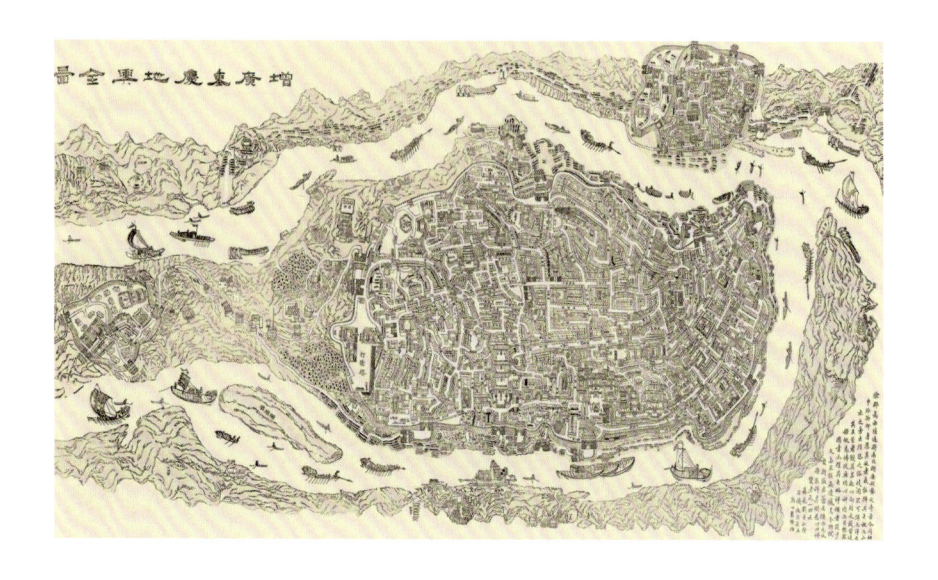

刘子如绘《增广重庆地舆全图》

晚清
长151.5cm　宽85.5cm

　　《增广重庆地舆全图》是馆藏的一件珍贵文物，由晚清綦（qí）江人刘子如绘制，描绘了以今天重庆渝中半岛为中心的重庆古城的地貌及街市。从地图上可以看到，古城中街巷纵横交织，会馆钟楼错嵌其间，整个主城半岛被17座城门包围。

　　该图是迄今所知最为详尽的重庆城市古地图之一，对研究重庆城市发展及历史、地理、社会、文化沿革具有十分重要的价值。

街巷纵横寻旧踪

第二单元
山城漫步

　　重庆，曾经是古代巴国的首府、秦王朝的巴郡，但直到1891年开埠前后，它仍不过是一个方圆不足5平方千米，人口不足25万的封建城邑。

　　近代，地处内陆的重庆比沿海一些城市的发展滞后了一些，但是，因为其特殊的区位与地理条件，重庆在西方殖民者侵略和战争重压下，逐步完成了城市近代化的历程。

望龙门缆车电机

民国
长120cm　宽57cm
征集

　　展厅中陈列的西门子电机是重庆望龙门缆车最早使用的电机。该缆车建成于1945年，由著名桥梁专家茅以升设计，全长178米，上下高差46.9米，备有客车车厢两辆，每辆载客50人，日客运量达7000人次。它的建成是中国内陆城市交通史上的一次创举，也是重庆城里一道独特的风景。

　　"好个重庆城，山高路不平"，一句民歌唱出了重庆道路的陡峭。轿子、滑竿、黄包车都是过去重庆人的代步工具。1929年建市前后，重庆有了马路、汽车，有了铁路、火车，进而有了机场、飞机……虽然比沿海城市晚了许多，但在西南地区，重庆仍然走在了前列。

好个重庆路不平

棒棒巴人把担扨

大闸阀（1932—1995）

民国
宽73cm　高90cm
征集

　　重庆虽有两江环抱，但在旧时，山城的饮水既不清洁又困难。据统计，重庆在20世纪初人口不过二三十万，却大约有两万挑水夫从江边挑水供人们饮用。

　　这种以一根棒棒两个桶为生的力夫，是重庆最早的"棒棒军"。著名国画大师徐悲鸿当年在目睹了重庆的挑水夫后，画下了他的传世之作《巴人汲水图》，并题诗曰："忍看巴人惯挑担，汲登百丈路迢迢。盘中粒粒皆辛苦，辛苦还添血汗熬。"

　　1929年重庆建市，当年便由著名电气专家税西恒主持，在重庆打枪坝建起了自来水厂，山城人民吃水难问题得到了缓解。展厅中陈列的大闸阀就是重庆自来水厂建厂时使用的大闸阀。

焰火从此难狰狞

消防栓

　　民国时期重庆的建筑多为木质结构，火灾成为城区的重大隐患。清末民初时，重庆开始有专职的"救火队"，使用的设备主要是"水唧筒"。重庆建市后开始有机动救火车，消防栓是向火场和救火车供水的主要设备。

古渝雄关朝天门

朝天门

重庆朝天门位于重庆市渝中区渝中半岛的嘉陵江与长江交汇处,城门原题有"古渝雄关"四个大字,是重庆以前的17座古城门之一。南宋朝偏安临安(今杭州)后,时有钦差自长江经该城门来传圣旨,所以才有了"朝天门"这个名字。

朝天门左侧嘉陵江纳细流汇小川,纵流1119千米,于此注入长江。朝天门是两江枢纽,也是重庆最大的水路客运码头。

2016年5月,朝天门当选为"重庆十大文化符号"之一。

小知识:重庆火锅

火锅最初起源于朝天门一带,当时的码头工人将一些没人要的动物内脏等和辣椒、老姜一起煮着吃,这就是火锅的雏形。据说,真正的重庆毛肚火锅出现于民国十五年(1926年)前后。回民马氏兄弟突发奇想,用廉价收购的牛毛肚和血旺,开了一家小餐馆。他们用牛油、辣椒、花椒等佐料熬成一锅汤,将毛肚漂白洗净,去梗,作为主要菜品,顾客来了,点一份毛肚,给一碟调料,且烫且吃。这就是重庆毛肚火锅的起源和得名。

第三单元
工业崛起

中国近代工业是在外资侵入后,自然经济开始解体的条件下,于19世纪60—70年代产生的,它首先出现在东南沿海地区,然后逐渐向内陆推进。重庆近代工业的产生,比沿海城市晚20—30年。随着重庆开埠和川江航运的近代化,重庆近代工业在帝国主义、封建主义、封建军阀多重压迫的历史夹缝中逐步兴起。

1891年,重庆第一家近代企业森昌火柴厂建立,1905年,第一家大型机械化企业重庆铜元局建成。1911年辛亥革命及中华民国建立,在一定程度上推动了重庆近代工业的发展进程,从而使重庆近代工业从个别企业、个别行业推及多个行业、多个部门。到1936年,重庆的火柴、缫丝、采煤、钢铁、兵工、机械等许多部门出现了近代工厂。

留忆纺织活化石

荣昌夏布雕版

民国
长44cm　宽52cm
征集

  在馆内荣昌夏布的纺织机背面的墙上，就是荣昌夏布的老式印花雕版，这八张雕版，最早的制作于清咸丰年间，最晚的制作于同治年间，已有一百多年的历史。

  荣昌夏布起源于汉代，古为"蜀布"，俗称"麻布"。《元和郡县志》有"昌州贡筒布、斑布"的记载。明清之际，荣昌夏布生产得到长足发展，生产夏布的手工家庭作坊遍及荣昌镇，产品远销西南各省。近代以来，纺织业普遍推行机器纺纱织布，而荣昌因为在地理位置上远离中心城市，所以较多地保留了传统手工生产的工艺程序，堪称纺织发展史上的"活化石"。

银铜兵工百年证

铜元局剪刀机

制造于1911年
长170cm　宽126cm　高50cm

  这台剪刀机制造于1911年，是铜元局引进的第一批设备，全部采用齿轮传动，性能稳定，剪口整齐，经久耐用，一直到2004年正式退役前，仍然是铜元局的重要设备之一，也是重庆工业百年历程的重要实物见证。

  机器制造业是近代重庆工业的一个重要部门。开埠以来，随着缫丝业、交通运输业、钢铁业、采矿业逐步采用近代工业设备，重庆机器制造业也随之产生。其中比较著名的有铜元局、华兴机器厂、民生机器厂、天成机器厂、21军武器修理厂等。展厅中陈列的剪刀机是重庆铜元局的主要生产设备之一。

  该厂创办于1905年，机器全部从英、德两国引进，是重庆第一家大型机械化企业。1913年5月正式投产，主造铜圆、银圆。1930年该厂转为兵工企业。国民政府迁渝后，铜元局由军政部兵工署接管，更名为第二十兵工厂，作为接纳沿海内迁工厂基地，成为国内工艺最先进、规模最大的枪弹生产基地。

《新华日报》印刷机

制造于1911年

长180cm　宽130cm　高120cm

征集

　　重庆印刷业也是重庆近代工业的一个重要方面，光绪二十三年（1897年），重庆第一家采用新式印刷术的出版机构中西书局成立。随后，广益书局、渝商书局、重庆商务印书馆纷纷设立。这些机构，大都采用机器印刷，印制质量、速度、数量优于旧式雕版印刷，受到读者的普遍欢迎。

　　抗战爆发后，国内著名的报刊印刷和出版机构，如《新华日报》社、中华书局、大东书局、商务印书馆等先后迁渝，推动了重庆印刷出版业迅速发展。重庆成为抗战时期大后方印刷出版的中心。

　　展厅中陈列的是《新华日报》印刷机。《新华日报》是中共中央南方局在国统区第一张向全国公开发行的机关报，1938年1月11日在武汉创刊，同年迁往重庆。从1938年10月25日到1947年2月28日，《新华日报》在渝期间共出版发行2945期，向全国人民宣传中国共产党的抗日主张，宣传抗日民族统一战线的意义和作用，为争取抗日战争的胜利做出了重大贡献。

纸上聚凝民族情

工业之母属重庆

250小型轧（zhá）钢机

制造于1919年

  1919年，四川督军熊克武为了在重庆兴建钢厂、制造兵器，派员前往美国订购一台直径250毫米小型轧钢机。

  1921年夏，这台250轧钢机运抵国内，时值政局动荡，军阀混战，筹建钢厂之事一拖再拖。

  1935年夏，刘湘主政重庆，停滞16年之久的重庆炼钢厂筹建工作再次启动。钢厂筹备委员会为此特设立建厂纪念碑，碑文的第一句话是："重庆炼钢厂为西南一切工业之母。"

  1937年，250轧机终于在重庆炼钢厂正式投入使用，当年轧制各型钢材730吨，为重庆工业的初步发展奠定了基础。

  抗战爆发，重庆炼钢厂改名为"兵工署第二十四兵工厂"，250轧钢机成为重庆兵工厂优质钢材原料的主要生产设备。

北川铁路铁轨（部分）

馆内的这台寸轨蒸汽小火车当年就在著名实业家卢作孚先生主持修筑的重庆第一条铁路——北川铁路上运行，它标志着重庆工业革命的新起点。

北川铁路于1927年动工，是四川第一条专用运煤铁路。1934年，铁路全线贯通，地处北碚区文星乡和戴家沟境内，自嘉陵江左岸的白庙子起东北行，经水岚垭、麻柳湾到达万家湾，经文星场、后丰岩而至郑家湾，过土地垭、戴家沟、大岩湾，直趋终点大田坎，共11个站，总长约16.8千米。北川铁路建成后，添置机车、煤车等设施，日运煤能力可达2000吨。

1943年10月，为了打破日寇的经济封锁，天府煤矿技术人员在抗日战争的艰苦岁月里，全部采用国产零部件，最终，蒸汽小火车试制成功，"开创了新中国机器制造之先献"。抗战期间，蒸汽小火车共运煤220余万吨，为支持重庆钢铁、军工生产做出了重要贡献。

开创蒸汽新时代

第四单元
英雄城市

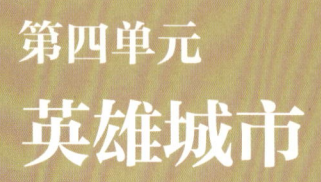

百年以来，重庆人民为争取民族独立、民主自由的斗争，为推动中国革命进程做出了重大贡献，是中国革命的重要组成部分。

1897年，以宋育仁创办的《渝报》为中心的维新思想宣传，给重庆思想界以巨大的震动，形成重庆近代第一次思想解放潮流；由资产阶级民主革命先驱邹容撰写的《革命军》被海内外誉为"中国的人权宣言"；杨沧白领导建立的重庆蜀军政府，成为中国西部第一个省级资产阶级革命政权；在留法勤工俭学的浪潮中，邓小平、赵世炎、陈毅、聂荣臻等大量优秀人才在重庆启航；在大革命的洪流中，由杨闇公、刘伯承、朱德领导的顺庆、泸州起义成为中国共产党人独立创建军事力量的首次尝试。随着重庆开埠和川江航运的近代化，重庆民族工商业在帝国主义、封建主义、封建军阀多重压迫的历史夹缝中逐步兴起,涌现出以卢作孚为代表的一批"以实业救国"为己任的经济界、科技界的杰出人物,对重庆地区的社会经济发展做出了不可磨灭的贡献。

全民族抗战爆发后,重庆成为中国的战时首都。国内外政治精英云集重庆。1938年10月,周恩来率中共代表团西迁重庆,在中华民族生死存亡关头,"坚持抗战团结进步,反对投降分裂倒退"直至抗日战争取得最后胜利。以周恩来为代表的中共中央南方局创造性地实践抗日民族统一战线政策,为重庆这座城市造就了坚强的个性。各民主党派、社会各阶层的爱国民主人士纷纷汇集于重庆,重庆成为大后方抗日民族统一战线的政治舞台和民主党派诞生的摇篮。

1945年8月,毛泽东亲赴重庆与国民党谈判,签订了闻名中外的"双十协议"。重庆解放前夕,被关押在歌乐山集中营的300多名革命烈士,为中国人民的解放事业献出了宝贵的生命。他们以自己的生命和信念,筑牢了巴渝大地的精神之基。1949年11月30日,刘邓大军席卷西南,解放重庆,从此山城人民迎来了新的曙光。

邹容著《革命军》

长17.5cm　宽10.5cm

　　邹容原名绍陶，谱名桂文，字威丹（一作蔚丹），四川巴县（今重庆巴南区）人，资产阶级民主革命的理论家、宣传家。

　　1902年，邹容留学日本，接触西方资产阶级革命学说，参加革命团体活动，并开始撰写《革命军》。

　　1903年，他返回上海，入爱国学社，与章太炎结为忘年交。在张园"拒俄"大会上慷慨演说，痛斥沙俄侵略中国东北。5月末，《革命军》成，由章炳麟（太炎）作序，署名"革命军中马前卒邹容"，大力宣传革命，号召推翻清朝统治，建立"中华共和国"。文章被《苏报》连续刊载，轰动一时。6月底"苏报案"发，见章太炎被拘，乃于7月1日自行投案，被判刑两年。

　　1905年4月3日，邹容因不堪虐待，病故狱中。

　　1912年2月，中华民国南京临时政府大总统孙中山追赠他为"陆军大将军"。

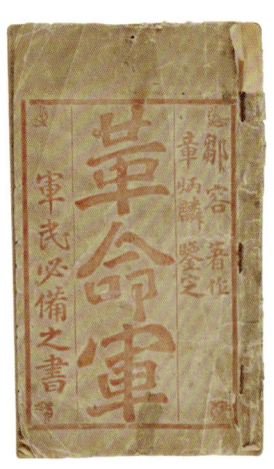

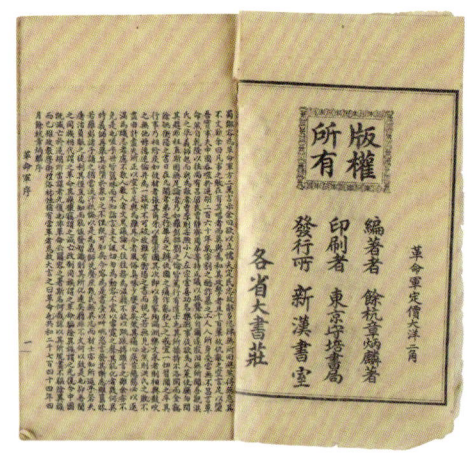

革命军中马前卒

1925年中国社会主义青年团旅欧支部团证

长11.7cm　宽8.2cm

他乡探索救亡路

　　这张橘红色团证，用繁体楷书书写，由钢板刻印而成。其正面标有"旅欧中国共产主义青年团 中国社会主义青年团旅欧区团证 王邦偶同志执照……"字样，背面印有旅欧中国共产主义青年团的章程第一章第一条。

　　团证的主人王邦偶是重庆铜梁人，20世纪20年代在合川中学毕业后考入重庆留法预备学校。1920年8月，王邦偶在预备学校毕业后同邓小平等84名学员一起从重庆朝天门乘船经上海去法国，开始了长达5年的留法勤工俭学生涯。1925年1月22日在法国加入旅欧中国共产主义青年团。1969年王邦偶去世后，他的儿子将这张宝贵的团证捐赠给了重庆市博物馆。

　　旅欧中国共产主义青年团是中国共青团组织在海外建立最早、人数最多的青年团分支组织，在中国党、团的发展史上占有重要的地位。

　　这张团证是迄今为止发现的旅欧支部留下的唯一一件实物，它不仅见证了一代青年学子在异国他乡救亡图存的探索之路，同时也是展示、宣传和研究党、团发展史的重要史料。

重庆·城市之路　093

中共重庆地方党组织创始人杨闇公烈士日记

民国
长19cm 宽13cm
捐赠

　　《杨闇公日记》共有500则，是杨闇公烈士1924年至1926年间革命生活的纪实，包含着丰富的党史、地方史和烈士传记的资料，是研究四川地区和重庆地区革命斗争史的珍贵历史文献。

　　杨闇公出生在重庆潼南双江镇首富家里，本应衣食无忧的他，却在日记里表达"奋斗得来的快乐，才是真快乐"，这崇高的志向便注定杨闇公有一个曲折又光辉的人生。

　　杨闇公在1925年加入中国共产党，1926年升任中共重庆地委书记。1927年北伐军攻占南京时，英国军舰炮击南京导致2000余人死亡，杨闇公决定在打枪坝召开市民大会，反对英帝炮击南京，军警特务却公开向参加集会的两万多群众开枪，杨闇公也在不久后被捕，惨死狱中。杨闇公牺牲后，妻子赵宗楷将丈夫生前的日记和工作笔记藏在卧室的墙洞里20多年，如此，这些珍贵的物件才得以保存。

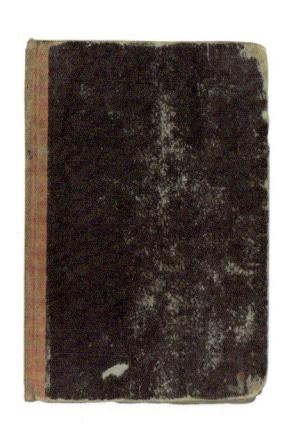

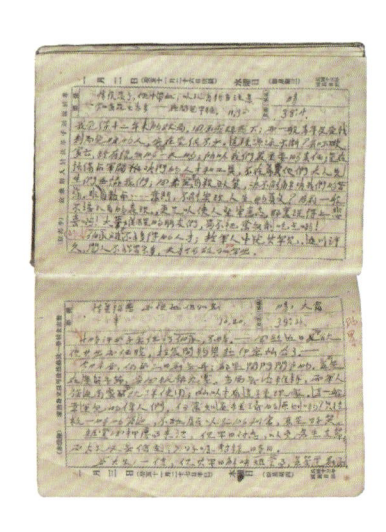

"奋斗"日记醒人生

中华儿女多奇志

1949年重庆中美合作所集中营殉难烈士江竹筠遗书

长14.5cm　宽13cm

征集

  这封遗书是馆藏的十大镇馆之宝之一。

  遗书用淡黄色毛边纸从右向左直行书写，字体娟秀。1950年，西南博物院发现后随即征集入库。

  1948年6月，江竹筠因叛徒出卖被捕，关押于重庆军统集中营渣滓洞监狱。狱中，她经受了难以想象的酷刑，但坚贞不屈，被难友们誉为"中华儿女革命的典型"。1949年11月14日在重庆军统集中营电台岚垭英勇就义。

  江竹筠烈士遗书写于1949年8月。她爱人彭咏梧已不幸在起义中牺牲，自己又身陷囹圄。面对死亡，她从容无畏。然而，在充满黑暗、暴力的渣滓洞狱中，她却时刻思念着寄养在亲戚谭竹安家中的儿子彭云，于是，带着酷刑留下的累累伤痕，留下了这份遗书。信中告诫要培养孩子树立远大理想，为建设新中国献身，决不可娇宠溺爱，饱含着一个革命母亲对孩子的厚爱和殷切希望。读来感人至深，催人泪下。有的字着墨较重，大约是狱中书写工具低劣所致。这页手掌般大的遗书，对人们的教育、启迪作用是无法估量的。自陈列展出以来，广大观众无不为以江姐为代表的革命先烈崇高的思想所感动。

抗战岁月

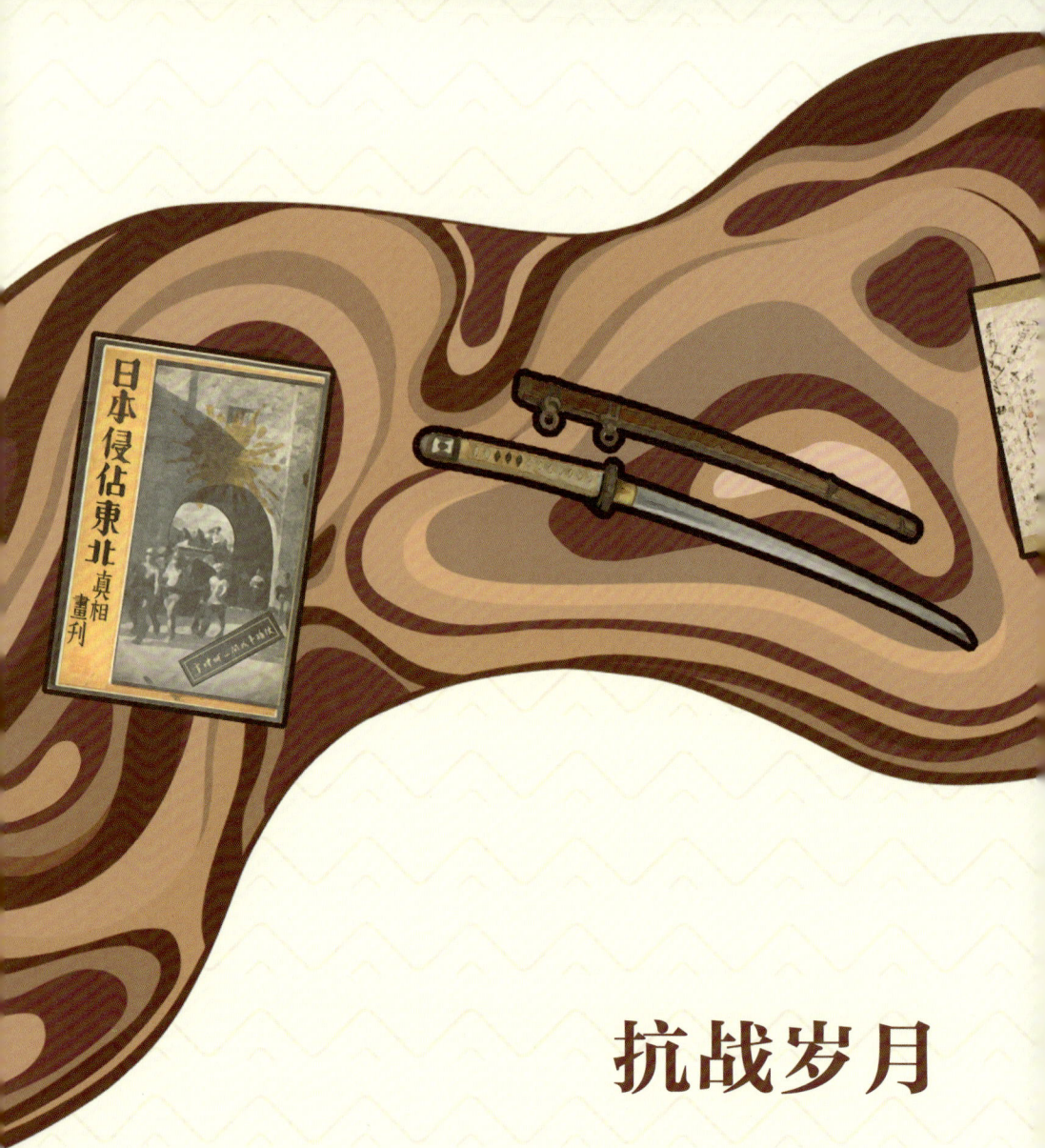

中国人民抗日战争是中国人民抵抗日本帝国主义侵略的正义战争，是世界反法西斯战争的重要组成部分，是近代以来中国反抗外敌入侵第一次取得完全胜利的民族解放战争。中国人民抗日战争的胜利，成为中华民族从近代以来陷入深重危机走向伟大复兴的历史转折点。

1931年九一八事变后，抗战爆发，抗日救亡运动逐步兴起。1937年七七事变后，全民族抗战爆发。中国共产党是全民族抗战的中流砥柱。在

这场英勇不屈的反侵略战争中，重庆成为中国的战时首都、中共中央南方局所在地和抗日民族统一战线的重要政治舞台、世界反法西斯战争中国战区统帅部所在地，为抗日战争和世界反法西斯战争的胜利做出了巨大的历史贡献。

第一单元
潮涌两江

　　1931年日本悍然发动九一八事变，中国人民抗日战争由此开始。在中国共产党的推动下，地处抗战后方的重庆人民通过开展反日斗争，取得了收回王家沱日租界的胜利。1934年7月，中国共产党发布了《为中国工农红军北上抗日宣言》，号召全国人民共同抗日，随后三大主力红军转战重庆，奔赴抗日前线。1935年华北事变后，中华民族到了最危险的时候，全国抗日救亡运动不断高涨。1936年，由中国共产党领导和组织的重庆各界救国联合会成立，学生、青年职员、文化工作者、妇女等群体纷纷响应。在民族危机日益严重、重庆地方党组织尚待恢复重建的时刻，重庆各界救国联合会迅速成为巴渝大地群众性救亡运动的核心力量。

收回王家沱日租界宣传口号

长26.2cm　宽11.5cm
旧藏

　　1901年9月，日本政府逼迫清王朝签订了《重庆日本商民专界约书》22条，设重庆南岸王家沱为日租界，租期30年。

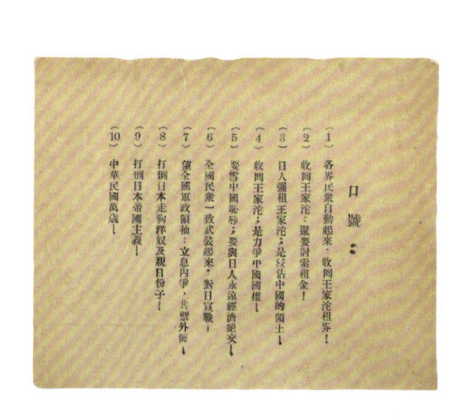

民族灾难民族醒

　　重庆王家沱是一个停泊船只的天然港湾，众多劳力工人在这里生活，随着日租界建立，他们的生活变得愈加艰难。

　　1928年12月15日，王家沱日租界发生日本水兵残害劳力工人事件，引起重庆人民强烈抗议，要求收回租界。

　　三年后，九一八事变爆发的消息传入重庆，空前的民族灾难唤起了空前的民族觉醒。在中国共产党的推动下，重庆人民纷纷成立反日组织，积极开展反日运动，最终取得了收回日租界的重大胜利！

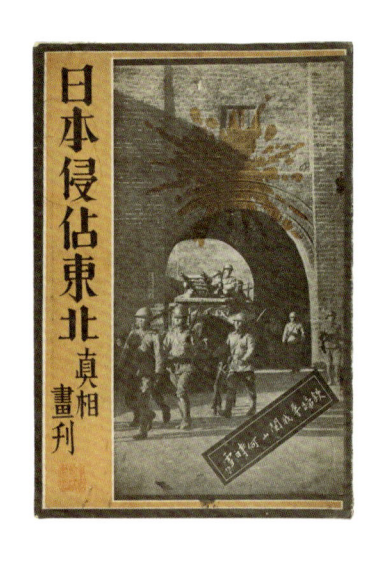

1931年《日本侵占东北真相画刊》

长32cm　宽22cm
征集

东方战场启序幕

　　1931年9月18日，日本驻中国东北地区的关东军突然袭击沈阳，以武力侵占东北。九一八事变是日本帝国主义企图以武力征服中国的开端，是中国抗日战争的起点，标志着中国局部抗战的开始，拉开了第二次世界大战东方战场的序幕。这是1931年出版的《日本侵占东北真相画刊》。

第二单元
战时首都

　　1937年7月7日，卢沟桥事变爆发，揭开了中国全民族抗战的序幕。川军纷纷请缨，奔赴战争前线。在淞沪会战失利、南京危急的严峻形势下，国民政府于1937年11月20日公开发表《国民政府移驻重庆宣言》。随即，从白山黑水到黄河两岸，从中原大地到苏杭海上，从江汉平原到岭南珠江，数千万同胞以及军政机构、工矿企业、商贸金融机构、高等院校、文化团体、科研机构等纷纷迁往以重庆为中心的大后方。由此，重庆从战前普通的省辖市跃升为抗战大后方的政治、军事、经济、文化中心。

川军将领郭勋祺在前线缴获的日本樱花战刀

1936年
长104cm　宽2.5cm
捐赠

弃暗投明为率领

郭勋祺（1895—1959年），字翼之，四川省华阳县（今双流区）人。在刘湘指挥下参加历次四川军阀混战。他后来与中国共产党频繁接触后，思想出现转变，最终不仅自己起义，而且促成了五个师起义。这是他在前线缴获的日本樱花战刀。

铁锚
民国
长115cm
征集

中流砥柱后方立

这是2003年从民生公司征集的铁锚。

民生公司是抗战时期中国最大的民营航运企业，在抗日战争极端艰苦困难的情况下，民生公司为军事运输、物资内迁、人口疏散以及抗战大后方交通运输建设做出了卓越的贡献，成为川江航运的中流砥柱。

抗战期间，民生公司抢运伤兵、难民以及出川部队等共计150万人左右；抢运入川的工厂机器设备、兵工航空器材、弹药武器、军粮、食盐、商家物资共计150万吨以上，为此付出了重大代价，116人牺牲，61人伤残，16只船被炸沉。

抗战岁月

纸轻任重当先锋

天府煤矿公司自行设计制造的火车头图纸

　　天府煤矿股份有限公司成立于1933年6月24日，总部设于江北文星场。起初，天府煤矿公司用于铁路运输的蒸汽机车都是购进的德国产蒸汽机车。抗日战争爆发后，为支援抗战，天府煤矿的年煤产量由几万吨增加到40万吨左右，大大超过北川铁路的运输能力。为此，天府煤矿决定添置新的火车头，但是由于战争影响，国内通商基本中断，无法进口火车头。受形势所迫，天府煤矿决定自制，通过近三年的努力，1943年10月10日，自制出自己的第一部蒸汽火车头，并定名为"21号"。当时的《新世界》月刊杂志记载道"这是天府煤矿自制的第一部火车头——也是中国自制的第一部火车头"。此为当时天府煤矿公司设计制造火车头的图纸。

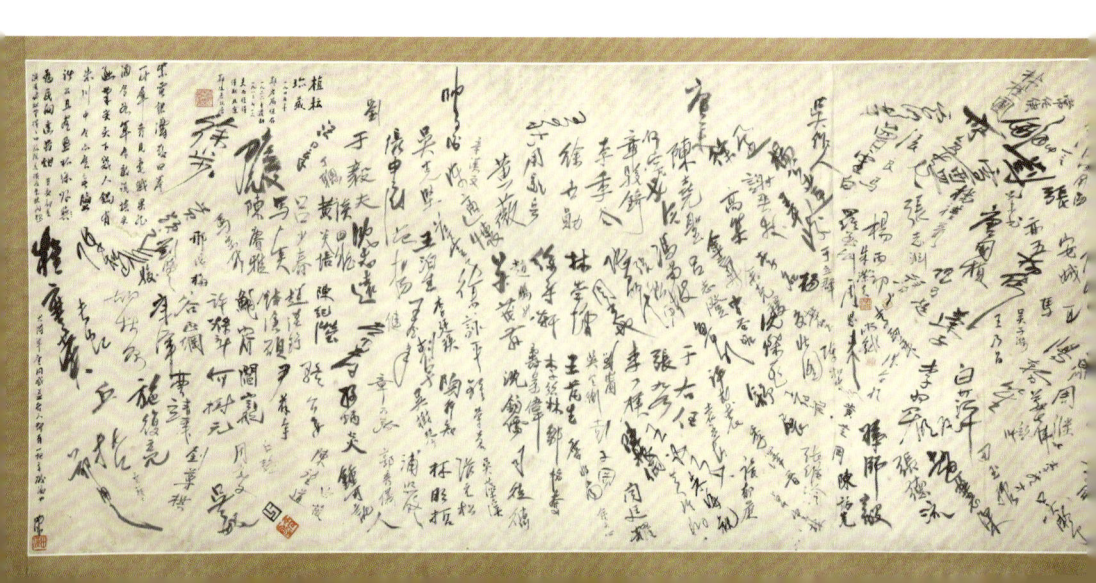

一卷长轴汇群英

1940年11月7日文化工作委员会成立招待会来宾签名轴

民国
长178cm 宽72cm
捐赠

　　武汉失守后，1939年底，国民政府军事委员会政治部第三厅迁渝，三厅是战时中国重要的文化机构，汇聚了国共两党进步人士，团结了各方面的力量，成功开展了各项重要工作。1940年11月1日，军委会政治部将第三厅改组为文化工作委员会，郭沫若为主任。

　　文化工作委员会决定于11月7日晚，在抗建堂举办一次盛大的招待会，以扩大抗日救国的宣传和影响。当天在签名轴上签名的有328人。当时来宾们都要在门口设立的签名台上签名留念，当周恩来步入会场时，整整一张宣纸已被客人们的签名写满了，只剩下靠近纸边的几处空位，周恩来便签下自己的名字。随后，一张新的宣纸很快就被写满了，事后工作人员将这两张宣纸装裱后，周恩来的签名处在整个签名轴的正中。签名轴上有于右任、沈钧儒、老舍等人的签名，还有日本反战同盟会的绿川英子等人的签名。

　　签名轴见证了文化界爱国进步人士团结一致抗战，真实地呈现了抗日民族统一战线的伟大实践。

郭沫若在抗战时期编写的话剧剧本《屈原》

民国
纵18cm 横12.8cm
捐赠

　　话剧也是宣传抗战的有效方式之一。这是郭沫若的话剧剧本《屈原》，他以神来之笔，在从清晨到午夜这段非常有限的舞台时空里，概括了战国时期楚国的历史，书写伟大诗人、政治家屈原一生的悲剧。

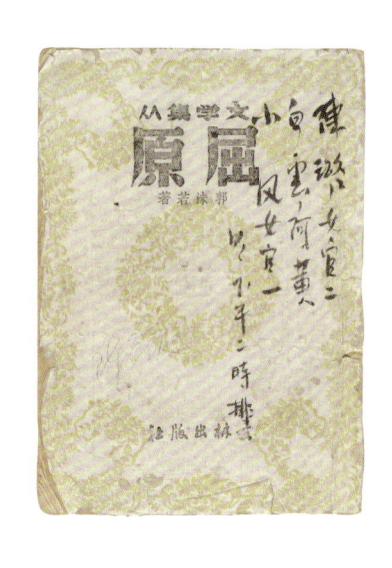

　　1942年，话剧《屈原》在重庆首演，陈鲤庭为导演，金山饰屈原，当时的媒体报道："上座之佳，空前未有，此剧集剧坛之精英，经多日筹备，惨淡经营，堪称绝唱。"

神来之笔称绝唱

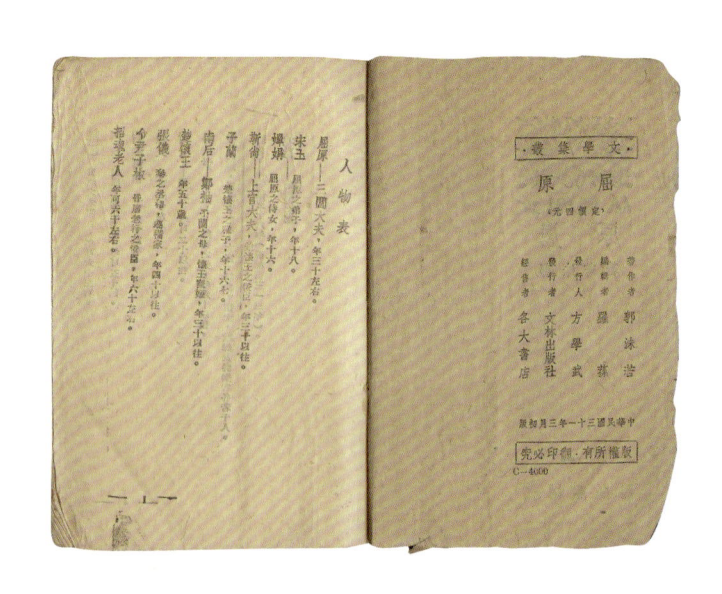

第三单元
统战舞台

全民族抗战爆发后,面对空前的民族危机,由中国共产党倡导建立的,以国共合作为基础的,各民族、各阶层、各政治党派以及台港澳同胞、海外侨胞广泛参与的抗日民族统一战线,是中国人民抗日战争的光辉旗帜,是中华民族空前团结、凝聚无穷力量战胜日本侵略者的重要政治法宝。

随着国民政府西迁,重庆成为抗日民族统一战线的重要政治舞台。以周恩来为代表的中共中央南方局创造性地执行抗日民族统一战线的路线、方针、政策,重庆社会各界团结在抗日民族统一战线旗帜下,"坚持抗战,反对投降;坚持团结,反对分裂;坚持进步,反对倒退",不断巩固和发展抗日民族统一战线,为赢得抗日战争的最后胜利做出了重大历史贡献。

宋庆龄给王安娜的信（部分）

民国
长25cm　宽18cm
征集

　　这是宋庆龄在重庆写给王安娜的信。王炳南夫人、德国友人王安娜非常敬仰宋庆龄，也自愿帮助宋庆龄在重庆开展"保盟"工作，她以保卫中国同盟驻重庆代表的身份，负责"保盟"援华物资的运输工作，将抗战物资运送到抗日前线。

　　信中宋庆龄写道："我被困在这里，因为我的司机由于家人生病回去了。我得看看谁有便车带我进城，因为我非常希望能来并改组我们的保卫中国同盟委员会，然后寄一份报告给美国援华会。……"表露出其焦急盼望重组"保盟"的心情。

　　王安娜，原名安娜利泽·施瓦茨，1907年9月20日生于原德国西普鲁士一户农民家庭。从1931年起即参加反法西斯斗争，两次被捕入狱。1935年她同中国留学生王炳南结成伴侣，并起中文名王安娜。她同情和支持中国革命，1937年，正值中国人民浴血抗战的时候，她随同丈夫来到中国，加入了抗日战争的行列。抗战期间，王安娜在重庆协助周恩来在医疗卫生及对外宣传工作方面做了大量工作，周恩来发给她一张八路军军用通行证，并任命她为八路军少校军官，她是第一位获得中国人民解放军军衔的外国女性。解放战争期间，她协助宋庆龄创办中国福利基金会，并担任宋庆龄的秘书。1955年，王安娜离开中国回到民主德国。她曾在1959、1979、1984和1986年重返中国，曾著有回忆录《中国——我的第二故乡》。1989年，王安娜在联邦德国汉堡逝世，享年82岁。

国际救援建同盟

延安归来主义正

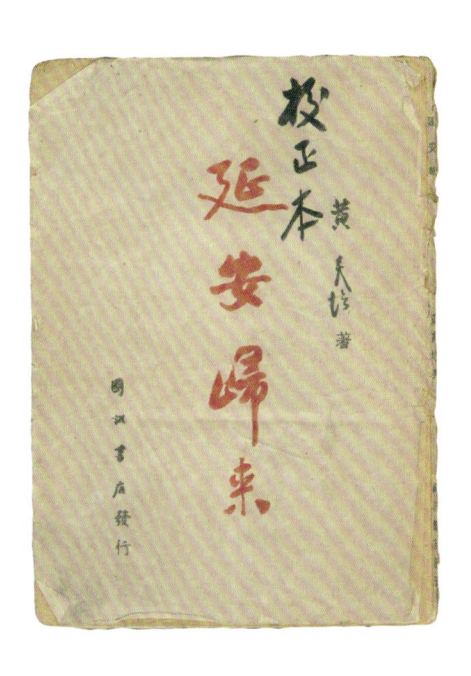

黄炎培著《延安归来》

《延安归来》为国民参政会参政员黄炎培所著。1945年7月1日至5日，黄炎培等六位国民参政会参议员访问延安，写下了《延安五日日记》。他用日记的形式给全国同胞展示了延安的社会风貌。

"延安五日所见，当然是距离我理想相当近的，中共现时所走的路线，不求好听好看，切实寻觅民众的痛苦，寻觅实际知识，从事实际工作。"

黄炎培将他在延安看到的一切都生动地记录了下来，朝气蓬勃的人民，和谐向上的社会，都让黄炎培兴奋万分，也让这位爱国主义者看到了国家的希望。

1945年8月重庆国讯书店出版了《延安归来》，引起了很大的轰动。各地很快进行了重印和翻印，前后发行十余万册，对宣传中国共产党的主张和政策产生了积极影响。

第四单元
东方堡垒

　　1941年12月7日，日本偷袭珍珠港，太平洋战争爆发。9日，国民政府对日宣战。1942年元旦，中、美、英、苏等26国代表签署《联合国家宣言》，反法西斯同盟正式成立。1月2日，同盟国中国战区统帅部在重庆成立，重庆与华盛顿、莫斯科、伦敦并列为世界反法西斯名城，中国战场成为世界反法西斯战争的东方主战场，为世界反法西斯战争做出了不可磨灭的历史贡献。

　　抗战期间，中国与美、英、苏等国开展了广泛的外交活动，废除了一系列不平等条约，签订了平等新约。由于在世界反法西斯战争中做出了巨大贡献，中国的国际地位日益提高，成为构建战后世界秩序的重要大国和联合国的常任理事国，中国在世界上的大国地位重新被确定。

1942年陈布雷为蒋介石撰拟的《告入缅将士书》电稿手迹

这件由陈布雷为蒋介石撰拟的《告入缅将士书》电稿手迹，写于1942年2月。抗战时期，中国处于十分困难的境地，但仍根据军事会议协定，派出约十万远征军入缅作战。为告慰入缅官兵，蒋介石命陈布雷撰拟此稿。这篇电稿言简意深，让青年读之热血沸腾，很多青年在重庆报名加入了中国远征军。

《告入缅将士书》是这一重要历史事件的实物见证，也是中国人民为抗日战争和世界反法西斯战争的最终胜利做出巨大牺牲和卓越贡献的历史见证。

1945年底，经过将士们的浴血奋战，中国远征军成功收复了滇西国土。缅北、滇西反攻战的胜利，加速了日本法西斯侵略者的灭亡。

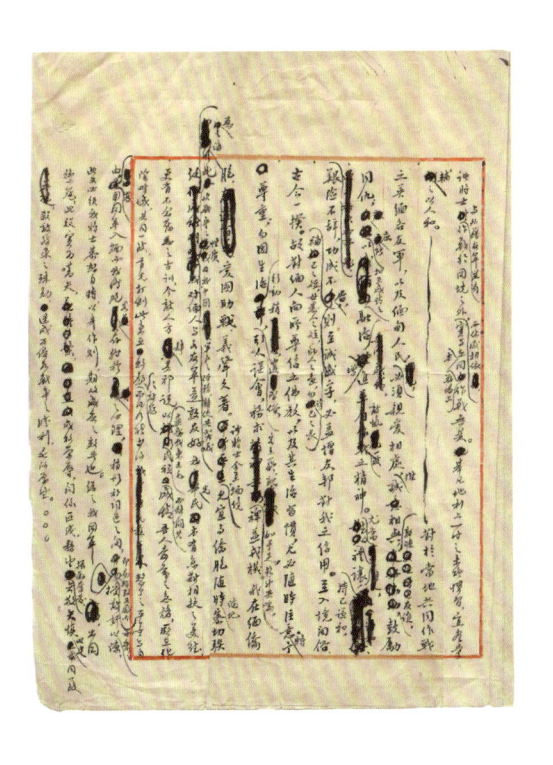

浴血奋战十万军

抗战岁月　109

当年伴君驰疆场

曾锡珪将军在印缅战场使用的秋季黄棕色短大衣

民国
身长85cm　胸围114cm　肩宽44cm　袖长57cm
捐赠

　　1942年2月初,日军逼近仰光,英缅军司令请求中国军队火速入缅防守缅甸和滇缅公路。中国政府应英军求援,立刻派出十万远征军入缅作战。曾锡珪将军以军委秘书的身份,随军前往。他充分发挥了自己的作战指挥才能,率领中国远征军取得了无数次胜利,曾锡珪将军受到了美国总统的亲自嘉奖。这就是曾锡珪将军在印缅战场使用过的秋季黄棕色短装。

第五单元
不屈之城

为了摧毁中国人民的抗战意志，造成巨大的战略恐慌，从1938年2月至1944年12月，侵华日军集中陆军和海军的主要航空兵力，对战时首都重庆及其周边城市进行了长达六年多的大轰炸。其中，尤以1939年、1940年和1941年最为惨毒。日军对重庆实施的战略轰炸是一种无差别轰炸，对包括工厂区、商业区、文化区、住宅区等在内的所有区域进行狂轰滥炸。其轰炸时间之长、次数之多、手段之残忍、灾难之深重，为人类战争史上所罕见。

面对日机空中大屠杀造成的巨大人员伤亡和财产损失，重庆人民表现出高昂的斗志和罕见的乐观。他们英勇不屈，团结一致，展开了一场旷日持久的反轰炸斗争，粉碎了日本侵略者对重庆进行"政略"轰炸和"战略"轰炸的阴谋，赢得了国际社会的广泛赞誉。

版画家余江蓝创作的木刻版画《1939年日寇轰炸重庆》

民国
长53cm 宽40.6cm
捐赠

1938年2月，日军开始对重庆实施轰炸。1939年日军对重庆地区的轰炸，以"五三""五四"大轰炸最为惨烈。

这幅木刻版画真实记录了日寇轰炸重庆的场景。这一年，日机一般以每批18～36架的中等规模轰炸重庆，不仅投下爆炸弹，还投下了许多燃烧弹，目标直指人口稠密和繁华地区，将重庆炸成一片火海，数日不熄。

火海不熄众志成城

1939年5月4日日军轰炸重庆时遗留的弹片（重庆"五四"大轰炸幸存者施庚培捐赠的弹片）

民国
长17cm 宽9cm
捐赠

从1938年2月至1944年12月，侵华日军对战时首都重庆及其周边城市进行了长达六年多的无差别大轰炸。

这是重庆"五四"大轰炸幸存者施庚培捐赠的一块弹片，上面血迹斑斑。在这次轰炸中死伤人数超过5000人，中国人民的生命财产遭到巨大浩劫。

苦难浩劫血斑斑

抗日战争时期程默拍摄的《重庆大轰炸》摄影册

长29.5cm 宽21.7cm
捐赠

这是程默所拍摄的《重庆大轰炸》摄影册，拍摄者程默在当时是中国电影制片厂的摄影师，这种特殊的身份为他拍摄重庆抗战历史的珍贵镜头提供了条件。

《重庆大轰炸》摄影册是重庆中国三峡博物馆迄为今止所收藏的一套最完整、最系统地反映重庆大轰炸实况的照片集，以日记的方式，逐日拍摄记录了日军轰炸重庆市街的惨烈场景和139个被炸点被炸后的状态。

《重庆大轰炸》摄影册完整保存约150张照片，内容包括"六五"大轰炸隧道惨案、七星岗纯阳洞民居被炸、第一重伤医院起火、无辜平民惨死街头等。程默拍摄的这套照片"意义非凡，是首批面世的关于重庆大轰炸的影像资料"。

罪证实录意非凡

抗战岁月

天空炸响连轰鸣

大轰炸期间重庆市民号可迪日记

这是重庆市民号可迪的日记，真实地记录了日军轰炸重庆的历史。

1941年，日军改变了战术，采用多批次、长时间、不分昼夜的疲劳轰炸战术，即102号作战。尤其是6月5日晚长达五个多小时的一次夜袭，酿成了震惊中外的"六五"大轰炸隧道惨案。

在1941年6月5日傍晚，日机突袭重庆市区，人们为了躲避轰炸纷纷躲进隧道中，等待日机离去。一个平时只能容下几千人的防空洞，一下涌入上万人，随着时间一分一秒过去，人们开始出现呼吸困难等症状，纷纷向洞口涌去，发生了严重踩踏事件。当人们涌到门口时发现门无法打开，有的人被活活踩死，有的人窒息而死。根据重庆卫戍总司令部的统计，惨案造成避难群众数千人死亡。

如今，每年6月5日重庆上空都会拉响警报，纪念这天去世的死难者们。

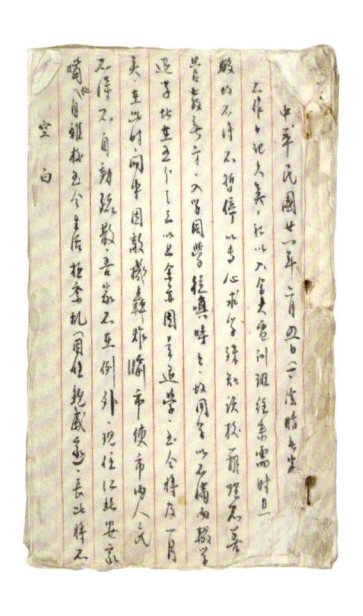

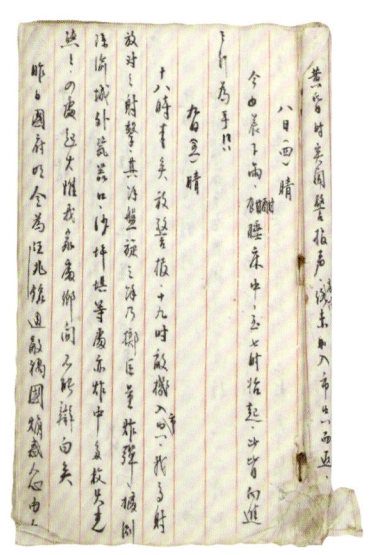

顽强迁回入空洞

防空洞入洞证

1941年
长17.2cm　宽8.5cm
捐赠

这张小小的纸单是防空洞的入洞证。面对日军的空中大屠杀，重庆人民并没有屈服，他们迎头而上，与强大的日本空军展开了英勇顽强的斗争。在防空方面，国民政府当局挖掘防空洞，在日军轰炸时，将大规模人口疏散到防空洞内躲避，最大限度减少了空袭损失。

1943年献机捐款收据

长13.5cm　宽9cm
征集

愈炸愈强无敌勇

抗战期间，日本对重庆的空中大屠杀并没有让重庆人民屈服。敌机轰炸后，重庆街头竖立起"在废墟上创造新中国"的标语。轰炸结束后，商业区迅速恢复了繁华；工厂工人加紧生产，保障军需民用。愈炸愈强是战时重庆不屈精神的真实写照。1941年8月，重庆各界发起"一元献机运动"。到1943年2月，重庆人民的献机捐款已购买飞机五架，积极支持了国家的防空建设。

抗战岁月

第六单元
胜利之城

　　1945年8月15日晨7时,中、美、英、苏四国政府在各自首都同时宣布接受日本政府无条件投降;9月2日,日本投降签字仪式在美军"密苏里"号军舰上举行,日本代表在无条件投降书上正式签字。至此,中国人民抗日战争和世界反法西斯战争取得了最后胜利。在中国共产党倡导建立的抗日民族统一战线旗帜下,14年英勇斗争和浴血奋战,谱写了近代中华民族反抗帝国主义侵略史上最辉煌的篇章,自鸦片战争以来中华民族受外敌侵略的百年耻辱史终于结束。

　　抗战胜利后,建立一个统一、自由、民主的国家,成为全国各族人民共同的企盼。重庆谈判,是国共两党为战后中国的和平所做的最后努力。此时民主力量的发展和政治协商会议的召开,为中国民主政治的进程打开了一扇新的大门。1946年5月5日,国民政府还都南京,重庆完成了作为战时首都的使命。作为胜利之都,重庆因此获得一份永久的历史殊荣。

纪念凯旋章永恒

抗战胜利纪念章

长4.7cm　宽1.5cm
捐赠

　　1945年8月15日，日本天皇裕仁以广播《停战诏书》的形式，正式宣布投降。9月2日，日本代表在美军"密苏里"号军舰上正式签字投降。国民政府军令部部长徐永昌代表中国政府在日本降书上签字。至此，中国抗日战争胜利结束，世界反法西斯战争落下了帷幕，全国各地人民以各种形式庆祝抗战胜利。

抗战岁月

巴蜀汉代雕塑艺术

  雕塑是人类最早的造型艺术实践，早在旧石器时代就已经出现。
  中国雕塑源远流长，两汉时期国力强盛，社会安定，经济发达，文化艺术繁荣，厚葬之风盛行，以墓前礼仪性雕刻、墓内随葬或装饰品为代表的雕塑艺术作品亦随之得到极大发展，如画像石、画像砖、陶俑等，且呈现出大气、浪漫、灵动的新风尚。
  汉代的巴蜀，安定富庶、沃野千里，号称天府之国，是汉代雕塑艺术

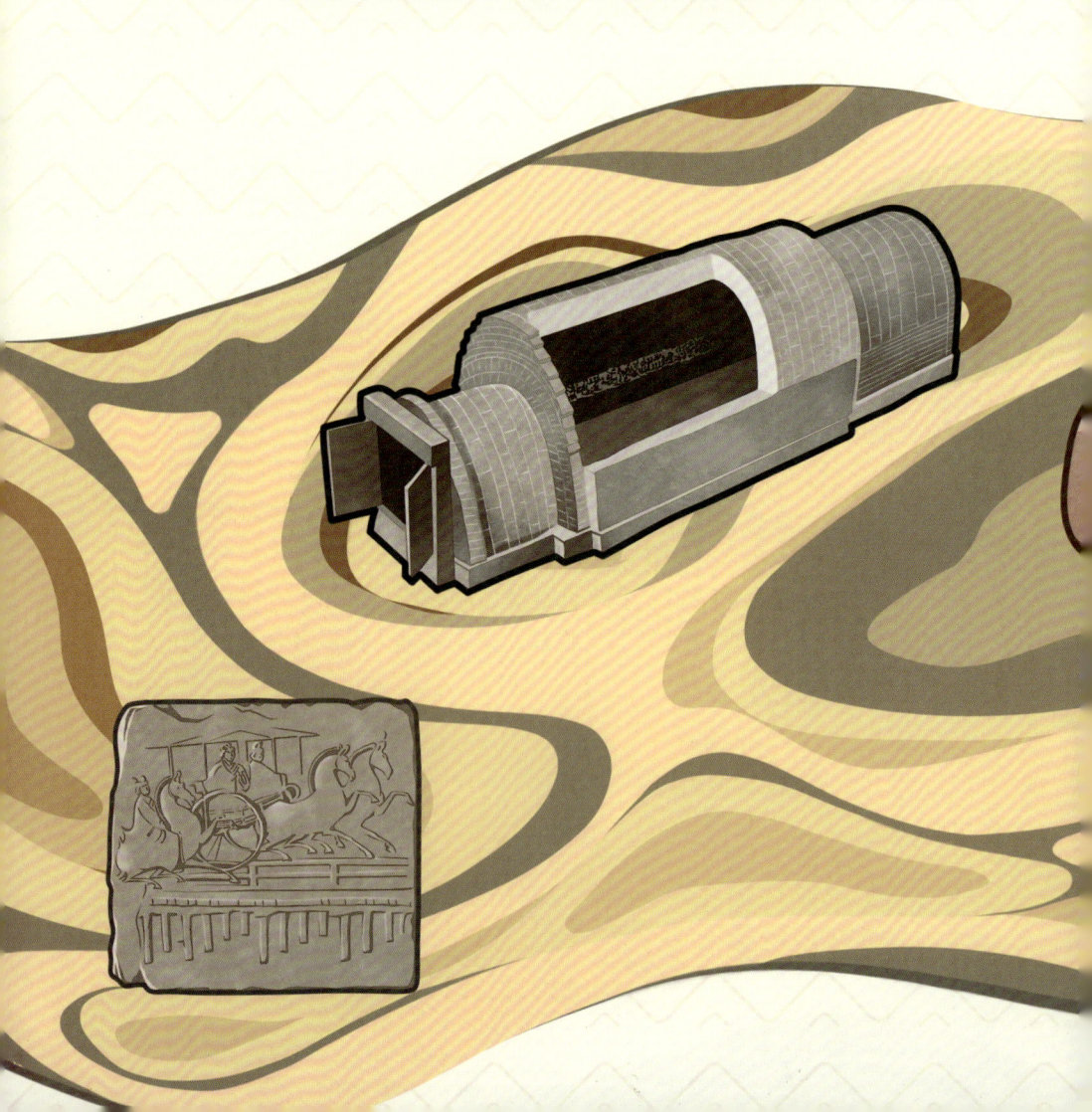

流行的重要区域。考古资料显示，从西汉中后期开始，巴蜀地区的墓葬中逐渐出现陶俑，画像石、画像砖在东汉时期出现，到了东汉中后期则极为盛行。

巴蜀地区的汉代雕塑不仅数量庞大、种类繁多，而且其画像艺术风格清新，富有生活气息，极具地方特色，在某种程度上还充分体现了巴蜀先民乐观豁达的天性与悠闲安逸的生活状态，在中国汉代雕塑艺术史上别具一格，具有重要地位。

第一单元
石雕万相

华夏先民在远古时期就懂得利用石头制作工具或雕刻艺术装饰品，这是雕塑的最原始形态。进入汉代，石刻技术与艺术都得到极大发展，画像石是汉代石刻技艺的集大成者。巴蜀地区汉代石刻主要包括墓前礼仪性石雕、墓葬中装饰性石刻以及石质葬具、随葬品等，最具代表性的就是石阙、画像石及画像石棺，其雕刻手法古拙，风格粗犷又颇具气势，时代特色鲜明，艺术风格独树一帜。

墓前石雕

汉代陵墓前通常置有大型礼仪性石雕，如陕西兴平霍去病墓前的马踏匈奴、胡人抱熊以及虎、象等石雕像，四川雅安高颐墓前的石辟邪、石阙等，它们起标识墓主人身份地位等礼仪作用。馆藏巴蜀汉至南朝时期墓前石雕主要有石辟邪、石柱和石阙。

青龙衔璧攀陵阙

庑（wǔ）殿式示意图

武陵阙

东汉
顶盖长171cm　宽140cm　高68cm
重庆万州区武陵镇小浪口出土

　　武陵阙，2002年发现于万州区武陵镇汉墓群附近。石阙位于库区蓄水二期淹没线下，对其进行清理发掘，是三峡文物抢救性保护的重要成果之一。

　　武陵阙现存阙身和顶盖。阙身采用减地浅浮雕技法雕刻青龙衔璧画像，青龙身形矫健，形象生动。顶盖保存完整，为重檐庑殿式，连檐瓦当分为上下两层。它不仅保留了我国汉代框架式木结构房屋的具体风貌，还是一件富有地域特色的石雕建筑艺术品。

巴蜀汉代雕塑艺术

艳阳曾照汉家阙

乌杨阙

汉魏
主阙高540cm 进深170cm
重庆忠县将军村出土

  这对汉阙是馆藏的十大镇馆之宝之一。
  这件乌杨阙为石质，砂岩，于2001年在三峡文物保护抢救工作中发掘出土。复原后的乌杨阙为重檐庑（wǔ）殿顶双子母石阙，自上而下依次由脊饰、阙顶盖、上枋（fāng）子层、扁石层、下枋子层、主阙体、阙基七部分构成，具有顶盖出檐宽、阙体收分大、构造简洁的特点，因而显得造型格外挺拔、巍峨，对研究汉代建筑具有重要价值。阙身雕刻青龙、白虎等图案，展现了汉代雕刻艺术神韵。
  阙，是一种左右对称，中间形成缺口通道，建在城门、宫殿、陵墓前的建筑物。东汉刘熙《释名》："阙者，缺也，在门两旁，中央阙然为道也。"它是我国古代一种重要的建筑形式，约在西周时期出现，汉唐时期普遍流行，明清时期仍有孑遗。
  汉代石阙，是我国现存时代最早、保存最完整的古代地表建筑，堪称我国古代建筑的"活化石"。

阙多由泥土、砖石建成，可以分为城阙、宫阙、宅第阙、祠庙阙、墓阙五种类型。一般认为阙的主要功能是区别尊卑，是彰显身份地位的标志，此外还有登高远望警戒的作用。

汉代是我国阙类建筑最为流行的时期，现存汉阙以石阙为主，而巴蜀地区是我国汉代石阙遗存最丰富的区域。据不完全统计，巴蜀地区现存石阙24处，都为墓阙。年代基本为东汉中晚期，其中重庆现存六处。在这六处汉代石阙中，有三处由本馆收藏，这在国内综合性博物馆中是首屈一指的。

目前，我国发现汉阙30多处，大多数被列入全国重点文物保护名单，乌杨阙是其中唯一通过考古发掘复原，并发现了相关的阙址、神道、墓葬的阙。此阙现陈列于重庆中国三峡博物馆中庭，也是所有汉阙中第一个作为博物馆馆藏文物的汉阙。

神兽有翼渝仅见

石辟邪

汉晋时期
高183cm　宽70cm　长289cm
重庆忠县乌杨镇将军村出土

  馆藏的汉晋时期石辟邪,保存基本完好,整体为圆雕造型,体态修长,呈立姿站立于长方形石座上。辟邪头部可见浅浮雕的鬃(zōng)毛及阴线刻的胡须,肩部有浅浮雕的多道短翼,臀部亦采用浅浮雕技法刻出数道体毛,尾部大半缺失。

  该辟邪是目前重庆仅见的汉晋时期大型有翼神兽,造型生动,文化内涵极为丰富。有学者认为南朝陵墓大量出现的有翼神兽可能是由西域经长江上游地区的四川、重庆一带顺江而下传入的。

小知识:石辟邪

  辟邪是我国古代神话中一种似狮而有翼的神兽,一般认为其出现是受西域文化影响所致。从文献记载及考古发现来看,汉代开始出现这类形象的石兽,法国人色伽兰1914年在四川地区调查石阙等汉代遗迹时即注意到雅安芦山东汉樊敏墓前立有石兽,并称之为"飞兽"。南朝陵墓大量出土了这种石兽,与石柱、石碑成为组合定式。

墓内石刻

墓内石刻主要包括刻有图像以装饰墓室的石头（画像石）、刻有图像的石质葬具（画像石）以及石质随葬品等，这是汉代雕塑艺术中最具特点和代表性的一类。巴蜀地区的汉代墓内石刻多发现于成都、重庆的石室或砖石墓内，以及长江、嘉陵江、沱江、涪江、渠江等河流沿岸的崖墓中，其中尤以画像石棺最具特色。

子子孙孙繁衍盛

蟾蜍石座

东汉

长32cm　宽22cm

四川广元昭化区宝轮院采集

蟾蜍自古是人们尊崇的神兽。一方面它是稻作文明中常见的害虫天敌，另一方面它具有强大的繁殖能力，因此成为人们崇拜和敬畏的对象，融入人们的传说、习俗、生活中。比如，新石器时期陶器中，上面就刻有大量的蛙纹。在古代的崖壁画、舞蹈、雕塑、服饰中，也有大量蟾蜍图案。

小知识：随葬石雕

巴蜀地区还发现了不少的石圆雕作品，主要有纪念性石像以及随葬的石俑等，其雕刻手法质朴，形象粗犷而又不失生动传神，颇具特色。其大致可以分为两类：一类是俑、动物形象及生活用品，如抚琴石俑、说唱石俑、石鸡、石水田等，大概是模仿陶俑和模型明器而制；还有一类是柱础、柱座，可能是墓内的建筑构件，如辟邪石座、石柱础等。

巴蜀汉代雕塑艺术

车马出行·宴饮伎乐画像石

东汉
长98～230cm　总长1116cm　高45cm
四川成都羊子山1号墓出土

　　该画像石出土于四川成都北郊羊子山东汉砖室墓。该墓由条石、长方砖、楔形砖砌成，分墓门、甬道、前室、后室四部分。前室左、右壁嵌有画像砖，中室左、右壁嵌有车骑出行画像石。

　　画像石共八块，青砂石质，采用减地凸面浅浮雕和阴线刻雕刻技法，图像内容由两组画面构成。

　　画像所刻车骑仪仗出行图，画面共有119人，其中右壁及左壁前半部是描绘墓主车马出行的盛况，共有12辆车、56匹马、85个人。前有导骑、导车开路，中有骑吹手奏乐助兴，后为四马主车载主人一路飞驰，整幅画面车马人物众多，出行场面声势浩大。形象刻画成熟精美，昔日达官显贵出行的煊赫声威，可谓极尽渲染。左壁后半部庖厨、宴饮和舞乐百戏画像中，共有宾主、庖丁、侍婢及舞乐百戏伎34人。中间厅堂之上，长幔围挂，左侧一高冠长服者，席地而坐，举手作指挥状，应为主人。身后一侍仆手执便面，正为主人煽风。整体画面虽人物众多，但在艺术处理上疏密得当、错落有致，人物造型比例适度，是难得的艺术珍品。

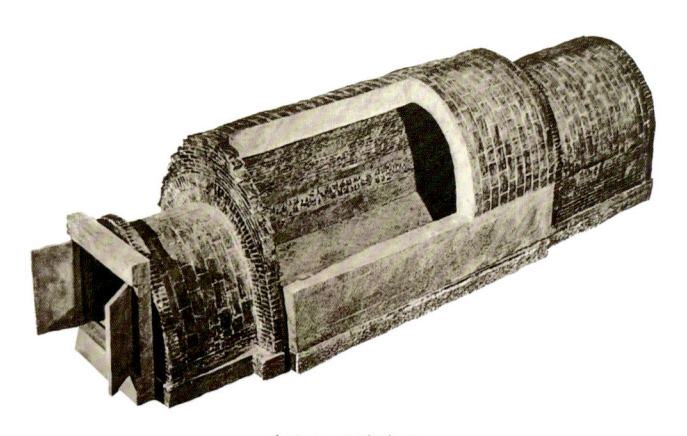

煊赫声威车马行

羊子山1号墓墓室

车马仪仗出行图（局部）

庖厨、宴饮画像石（局部拓印）

舞乐百戏画像石（局部拓印）

车马出行画像石棺

东汉

长218cm　宽60cm　高54cm

重庆沙坪坝区重庆市第一中学内石室墓出土

　　石棺的前档刻有双阙式天门的图像，是人间与天国的分界线，这一双阙被称为"天门"。在汉代人看来，死亡并不是生命的终点，而是另一种形式的开始，跨过天门就可以轮回不朽。因此这种双阙式天门的形象大量出现在汉墓中。

　　石棺后档刻有伏羲女娲图像，均人首人身蛇尾，两尾相交，分别一手举日、月轮，一手持规、矩。古人认为天圆地方，天就像大罩子一样笼盖住大地。恰好，规是圆的，象征天，矩为方，象征地，规矩就成了天地的符号。伏羲女娲图暗示着一阴一阳、天地合一，意在表现夫妻相悦的和谐关系，表达生命得以延续和再生的愿望。

　　棺身左侧是楼前迎宾图，画面左边楼阁高耸，一手持便面的人正迎接墓主人到来，上方为仙人半开门图并有双鸟衔珠、柿蒂纹等纹饰。

　　棺身右侧是车骑出行图，前有伍伯二人，一导骑，后面有骑吏三人，其中第一人手持金吾。画面上方有"山"形纹、四叶纹、串钱纹、"双结龙"符号等。

棺身右侧拓印图

双阙天门向永生

棺身左侧拓印图

石棺后档拓印图

> **小知识：画像石棺**
>
> 　　画像石棺是指雕刻有画像的石质葬具，这是汉代巴蜀地区最具特点的葬具，罕见于其他地区。巴蜀地区的汉代画像石棺早在南宋初期便有文献记载，19世纪后半叶以来，中外学者相继发现、记载并研究了这一地区的多具汉代画像石棺，1949年以后的发现更是层出不穷，目前已多达百具。
> 　　汉代画像石棺的雕刻技法以浅浮雕结合阴线刻最为常见，画像内容以社会生活和神鬼祥瑞类为主，尤以反映神仙仙境的神鬼祥瑞类最为多见、最具特点。此外装饰性图案也较为常见，历史故事则不多见。画像构图普遍比较简洁，强调人物或动物的动态形象，呈现浑厚古朴的艺术风格。

巴蜀汉代雕塑艺术

第二单元
陶塑众生

我国最早的陶塑艺术形象出现在距今七八千年的新石器时代中期，经过了数千年的发展，到汉代，陶塑无论是在制作技术还是在艺术水平上都达到了一个新的高度。巴蜀地区的汉代陶塑以模制的画像砖和陶俑为主，其数量、种类繁多，内容风格特色鲜明，艺术形象生动逼真，真实再现了当时的社会生活。

画像砖　画像砖是指模印或者刻有画像或花纹的砖，主要用于嵌砌、装饰墓。画像砖在战国时期就已经出现，但数量极少，在汉代得到极大发展，分布范围较广，以河南、四川两省最为集中，河南主要分布在郑州、洛阳和南阳及其周边地区，四川则以成都平原及周边地区为主，其中南阳和成都平原出土的画像砖最具代表性。

田间劳作乐融融

弋（yì）射收获画像砖

东汉
长48cm　高44.1cm
四川成都羊子山10号墓出土

　　此画像砖的画面分为上下两层，上层的弋射场面，有悠然的肥鱼、野鸭和亭亭玉立的莲花，岸边葱茏树木下二人正引弓欲放，惊起两边的水鸟飞逃。他们所用的短箭后系着细绳，绳另一端又连着可以转动的绕绳轴，以便收回射猎物，此即所谓"弋射"。下层表现收获季节田间劳作的生动情景。农人忙碌景象与上层自然景物融为一体，一派人与自然和谐相处、其乐融融之景。

巴蜀汉代雕塑艺术

白盐山下蜀江清

盐井画像砖

东汉
长46.5cm 高39.88cm
四川成都羊子山10号墓出土

　　蜀郡盐业资源特别丰富，此画像砖画面正是汉代巴蜀地区制盐的场景。

　　盐井位于左下角，井上有高高的井架，架顶部的装置有滑轮及缆绳，缆绳上挂着吊桶。高架分为两层，每层有两人用吊桶从井中汲卤，盐卤经竹筒流到煮盐灶上。中间的山路上，有两个人正背着盐包向外输送煮好的盐。

　　盐场背景是起伏的山峦，林中还有飞禽走兽及狩猎人。生产劳作的场面和山林自然景观在这里高度融合，画中描绘的制盐工艺流程，说明了两千年前的汉代，四川盆地就有了凿井取盐的技术。此砖不仅成为巴蜀汉代制盐业的珍贵史料，同时对探究中国山水画的起源也有重要意义。

崇学尊儒蔚成风

讲学画像砖

东汉
长45.5cm 高39.5cm
四川成都羊子山10号墓出土

  此砖画面为传经讲学场景。图中七人，四人形体较大，身着右衽宽袖长袍，头戴进贤冠。一人坐于榻上正在讲授，其余三人手捧竹简坐于席上，正凝神静听，右下角一人腰间挂一把环首刀，可用来修改竹简文字。画面下部有三人形体较小，头戴巾帻（zé），着长袍似在交流。

  仔细观察便能发现这些学生的头衣并不相同。汉朝，不同的头衣代表不同的阶级。先秦时期，原本只有贵族才能上学受教。

  西汉汉景帝末年，文翁时任蜀郡太守，在成都南门修起石室学宫，这是中国最早的官办学校，门生弟子有时多至百人。同时，文翁从郡县中选拔开明有才者，派遣至长安学习。为了让学生安心求学，文翁为他们免除了徭役，还常将学生带在身边，协助处理一些公务，以示看重和信赖。这说明文翁招收的学生里有大量的平民子弟，打破了教育壁垒，真正实现了孔子提倡的"有教无类"。蜀生学成还归，皆予重用，或招募任教，或举荐为官。几年下来，巴蜀之地，崇学尊儒，蔚然成风。及至汉武帝即位，对文翁兴学一事极为赞赏。下诏举国仿效，设置学校，将新型教育模式推广至全国。

  这块画像砖记录了汉时蜀地社会教育的一景，十分难得。

巴蜀汉代雕塑艺术

陆博酣歌掷骰喧

陆博画像砖

东汉
长46.8cm　高39.8cm
四川成都青杠坡采集

"陆博"也称"六博",是战国到汉代流行的一种游戏,也是一种用来一决胜负的棋局。通过投掷六根博箸——类似后世的骰(tóu)子——进行游戏,所以也称"六博"。

陆博在汉代是最流行的"桌游"了,甚至还出现了一些以博戏为业的人。到了东汉晚期,围棋日渐流行,陆博逐渐演变为靠侥幸取胜、掷骰行赌的用具,远不如围棋充满魅力,受到世人的厌弃,隋唐以后便逐渐失传。

陆博画像砖画面为四人玩陆博游戏的场景。帷幔之下,四人分为两组,相对博弈。左上一人,手执一物,可能是在投箸,右上一人俯视局势,欲动其箸。图下方有两人正在饮酒,中置一案,案上有耳杯。右下角有一仙鹤。

西王母画像砖

东汉

长46.4cm　高41cm

四川成都羊子山2号墓出土

　　此砖画面为西王母居中坐于龙虎座上，头顶华盖，周围云气环绕。西王母正前有一蟾蜍直立而舞。右上为带翼九尾狐，下为玉兔直立而持灵芝。蟾蜍左边为三足鸟，其后有一人双手捧棨（qǐ）而立，系传说中的"大行伯"。右下端坐二人，男左女右，其前置一案，案前一人峨冠博带，双手执板，俯伏于地，似在拜祷。

　　西王母是《山海经》中传说里的女仙之主，也就是后来民间所说的"王母娘娘"。不过，她最初的形象十分恐怖，上古神话中形容她"豹尾、虎齿"，是掌管灾厉刑的凶神。到汉代，西王母成为一位雍容高贵的女神仙，因握有可使人长生不老的"不死之药"而受到人们崇拜奉祀，在汉代艺术常见诸神形象中，具主神之尊位。

龙虎座上华盖蔽

軺车疾驶板桥横

车马过桥画像砖

东汉
长46cm 高40cm
四川成都羊子山2号墓出土

  此砖画面为一辆华丽的軺（yáo）车从桥上疾驶而过，车顶盖由四柱支撑。车中坐两人，前为御者，后为主人。车前驾二马，车右后方有一骑吏跟随。

  车马所过之桥，下有桥柱四排，每排四柱，柱端横枋（fāng）上架桥梁，再以木板铺设桥面，桥面接岸处略有坡度，桥的两侧设有桥栏。这种结构坚实紧密的梁柱桥具有较大负载耐振力，由此可见，早在汉代，巴蜀地区的造桥技术就已很发达。

  "车马过桥"是四川地区出土的汉代画像砖里常见的题材。汉代时，成都平原河流众多，充沛的水资源为巴蜀人民的生活、生产带来了便利，却不利于大量货物的运输和车马的行驶。为此，官府修建了许多桥梁。虽然两千多年过去了，河流多已改道，桥梁大都不复存在，但不少以桥命名的地名仍然保留至今。

米仓画像砖

东汉

长47.5cm　高21.5cm

重庆九龙坡区陶家镇大竹林出土

　　此砖画面为众人在米仓前交粮的场景。米仓为干栏式悬山顶两层建筑，共有四扇门，上下各两扇，门上置铺首，其中一门敞开，可以看见满仓的粮食。门前有台阶。米仓右边四人束发，着及膝短褐，排列有序，躬身而立，正等待什么。右上有六口尖底大缸立于架上。米仓外还有斗升等量具。画面中间上部竖刻"白米"二字。

　　2004年，重庆市文物考古所在重庆市九龙坡区陶家镇大竹林发掘了一座东汉画像砖墓，这是重庆地区迄今为止发现的唯一一座出土画像砖的汉代墓葬。其中，出土画像砖30块，画面完整的有15块，画像涵盖了生产生活、乐舞百戏、政治生活、神话传说等多方面内容，其制作方式除常见的模印外，还有部分采用了阴线刻划，这在巴蜀地区较为罕见。

沃野丰田廪食仓

随葬品

新石器时代遗址中虽然已经有人像、动物等陶塑出土，但都见于居址或祭祀遗址，数量较少，至春秋时期，墓葬中才始见随葬的陶塑物品。秦汉时期是我国古代陶塑艺术发展的巅峰时期，陕西咸阳秦始皇帝陵陪葬坑出土的兵马俑震惊中外，是我国迄今所见规模最大的陶塑随葬组合。汉代崇尚"事死如事生"的丧葬观，墓葬内多随葬人物形象陶塑以及与日常生活相关的动物形象陶塑或用具，形成一定的组合，以求构建死后灵魂生活的美好空间。一般而言，汉代墓内随葬的陶塑物品可分为陶俑和模型明器两大类。

年丰食足享盛宴

灰陶女厨俑

东汉

宽32cm 高45cm

重庆江北区出土

这个来自汉代的厨娘，梳起高髻发，头裹巾簪花，正坐在俎（zǔ）案前，满心欢喜地准备大餐。案台堆满了禽肉、甲鱼、柿子、羊头……细看案板右侧，还有一个半月形的糕饼，与我们熟知的"饺子"极为相似。

在汉代，巴蜀作为要冲之地，汇集了天南海北丰富的食材，著名的川菜菜系也正是形成于这一时期。

人们担心亡灵在冥世缺吃少用，所以"多藏食物，以歆（xīn）精魂"。这尊东汉灰陶女厨俑跨越千年，既活灵活现地表现了墓主人生前家境的富裕，又表达了后人美好的愿望，希望逝者在另一世界能继续享受人间的饕餮（tāo tiè）盛宴。

长袖善舞扣钟磬

21号

22号

23号

红陶舞俑一组

东汉
21号，长22cm　宽13cm　高38.8cm
重庆江北区相国寺出土
22号，长28cm　高54cm
重庆巫山县出土
23号，高47.5cm
四川绵阳出土

　　这几件东汉时期的红陶舞俑姿态均为一手掖袖提裙，另一只手上举于胸侧，腿部微蹲，作舞蹈状。其中一俑双脚之间夹鼓，表现的正是汉代流行的盘鼓舞。该舞是一种借助盘和鼓展现轻盈舞技的舞蹈，盘鼓舞除舞袖、下腰等传统舞蹈动作外，还有倒立足尖击鼓等带有西域舞蹈特色的动作。

　　乐舞是我国传统的艺术形式之一，汉代的乐舞文化极为繁荣，这在张衡的《西京赋》里有精彩的描述，而各地汉墓出土的众多乐舞俑则是对此最好的注解。汉代舞蹈秉承春秋战国"长袖善舞"的遗风，将舞蹈发展到几乎"无舞不舞袖"的乐舞盛况。受"事死如事生"的观念影响，汉代墓葬中开始随葬陶俑，以求墓主死后仍能享受如生前一样的安逸生活。于是，这一盛况也如实地反映在随葬的陶俑上。

　　巴蜀地区出土的汉代乐舞俑多为陶质，有舞蹈、抚琴（瑟）、吹笙（竽）、吹笛、吹埙（xūn）、击鼓、说唱等多种表现形式，尤其是击鼓说唱俑特征鲜明，艺术感染力极强，大有"庭扣钟磬（qìng），堂抚琴瑟"之盛况。

巴蜀汉代雕塑艺术

灰陶击鼓说唱俑

东汉
高22.3cm
四川成都羊子山出土

击鼓说唱俏皮生

巴蜀地区的说唱俑，是汉代陶塑艺术中颇具神韵、造诣极高的一类陶艺形象。这件说唱俑袒裸上身，裤子滑落于腹下，缩颈耸肩，左手抱鼓于腰，右手（握槌已掉）指着嘴角，眉飞色舞，说唱正到精彩处。那俏皮、戏谑而极尽夸张的情态，将其娱悦谐趣发挥到极致。

说唱艺术是我国流传了数千年的一种曲艺品种，是在繁荣的经济基础上所产生和兴盛起来的。说唱俑形象即汉代的民间艺人"俳优"，多为矮胖身材的侏儒作谐戏表演，其表演有说有唱，有乐（鼓）有曲辞，已具古代戏曲艺术的诸多重要元素，同时对古代话本小说的兴起也有一定的促进作用。

红陶抚琴俑

东汉
高30.2cm
四川绵阳出土

好曲不厌百回听

汉代时期的人们能歌善舞，对于乐器也十分精通。展厅中的抚琴俑，头戴巾帻（zé），身穿右衽宽袖长袍，屈膝而坐，琴置于双腿上，双手抚琴，面带微笑，仿佛正陶醉在悠悠的琴声之中。

汉代抚琴俑与舞俑、说唱俑一道，让世人一窥当时百戏的繁荣状况和古人丰富的娱乐生活，侧面展现出东汉时期巴蜀地区的文化进步与经济繁荣。

灰陶裸女俑

东汉
高34cm　宽15cm
重庆巫山县胡家包墓群出土

　　巴蜀地区东汉时期常见一类人形兽面、头长鹿角、口吐长舌、手操蛇执锤的陶俑。这类陶俑被认为拥有超凡的神威，多置于墓道两侧，传说能避却恶鬼对墓主人的侵扰，为镇墓辟邪之用。
　　灰陶裸女俑便是其中之一，汉代社会风气相对较为开放，因此此类造型也较为常见。

神威超凡镇恶魔

动物一组

　　巴蜀地区汉墓中随葬的禽畜类模型明器中以猪、狗、鸡最为常见，马、牛、羊则较为少见，或与当时生活饮食习惯有关。
　　从动物形象上看，鸡分为公鸡和母鸡，母鸡多与仔鸡同塑。带鬃（zōng）毛的陶猪头部较大，前肢发达，形似野猪，没有鬃毛的陶猪肥头大耳，更似现代家猪。陶狗多以守卫的姿态出现，体现了其在庄园生活中所担任的职责，其形象类似现在的川东猎犬。

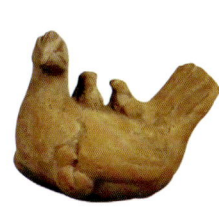

六畜兴旺生妙趣

> **小知识：模型明器**
> 　　明器，又称"冥器"，是指专为随葬而制作的器物，在新石器时代就已经出现。较之西周以礼器为主的随葬品，汉墓中随葬品逐渐形成了一套完整反映地主阶级庄园生活的明器，除陶俑外，还包括模仿现实的动物、器具和房屋等器物，这类明器一般被称为模型明器。

巴蜀汉代雕塑艺术

巴渝神鸟衔灵丹

红陶衔珠神鸟

东汉
长27cm 高16cm
重庆丰都县秦家院子出土

丰都出土的这只红陶神鸟，造型奇特，有"巴渝神鸟"之称。其昂首站立，口衔珠，头部顶一个向后平伸的圆盘，双翅平伸作飞翔状，尾部残缺。

此陶鸟形象应为朱雀，是汉代崇拜的四神形象之一，也是替西王母送"不死药"的神鸟。这件陶鸟头顶的圆盘应为灵芝，口中所衔即为西王母所炼制的"不死药"。

汉代崇拜的四神指四大神兽，即青龙、白虎、朱雀、玄武。在古代又叫作四象、天之四灵，属于远古星宿崇拜的产物。

庄园再现巧玲珑

灰陶楼

东汉
长38.2cm　高64.7cm
重庆江北区相国寺出土

　　这件陶楼是"庄园生活场景模型"。灰陶楼由单层庑殿顶三层结构组成。第一层为台基，第二层为一斗三升式厅堂式建筑，第三层为围栏式建筑，正中也塑一斗三升斗拱，围栏为菱格式。巴蜀地区汉代陶楼从一层到三层皆采用常见且组合或拆分灵活的斗拱，斗拱的使用已经十分普遍。

　　庄园生活场景模型是指房屋、水田、圈、井、仓、灶等反映汉代地主阶级生活场景的"缩微模型"。陶质场景模型在西汉墓葬中已有少量发现，但全面流行当在东汉中期之后。与中原地区相比，巴蜀地区出土的生活场景模型明器制作相对简单，如陶房多为单层或两层，三层建筑较少，类似仓楼和水榭这类一米以上的建筑模型几乎没有，但建筑形式相类，仓、灶、井等造型与装饰较为简略。

鱼肥稻香农人乐

红陶水田

东汉
长50cm　宽33cm
四川绵阳出土

　　这件水田是"庄园生活场景模型"。水田为长方形，分为两栏。一边为鱼塘，贴塑青蛙、田螺、大鱼鲵、鱼等动物；一边或为栽种水稻的水田，四个陶俑站立在水田中。一人体形较大，袖手站立，其余三人分别为扬扇、扛罐、躬身劳作俑，展示了巴蜀地区农业生产的景象。东汉巴蜀地区水田多为方形，贴塑动物多为该地区常见的水生动物。

　　水田模型是巴蜀地区汉代模型明器的一大特点，不见于同时期的中原地区。其形制以方形为主，也有少量圆形和不规则形，水田里还划分区域，装饰鱼、龟、蛙、螺、荷叶等水生动植物，这或是南北方种植物差异的体现。

神木祈福贴百兽

釉陶人物鸟兽摇钱树座

东汉
高78cm
四川广汉出土

　　巴蜀地区汉代墓葬中还常见一类陶塑的摇钱树座，特色鲜明，造型生动，内涵丰富，是汉代陶塑艺术中的上乘之作。

　　这件摇钱树座，装饰复杂，形象生动。座呈喇叭形，上饰浅浮雕人物、龙、虎、蟾蜍及兔等形象，上部塑树形柱，周围贴塑金乌、辟邪、猫头鹰、狐狸、鹰、朱雀、蛇等。

　　"摇钱树"是巴蜀地区汉至三国时期墓葬中较为多见的一种器物，通常分为树身和树座两部分。树身的干及枝叶多由青铜叶片铸造而成，常见五铢钱等钱纹、西王母图像以及各种神灵动物、植物纹样，习惯称之为摇钱树。树座多系陶土烧制而成，上面雕塑各种图案纹样。摇钱树反映了当时人们"祈福求财"的心理，很可能还是与神或天地沟通的一种"神木"。

巴蜀汉代雕塑艺术

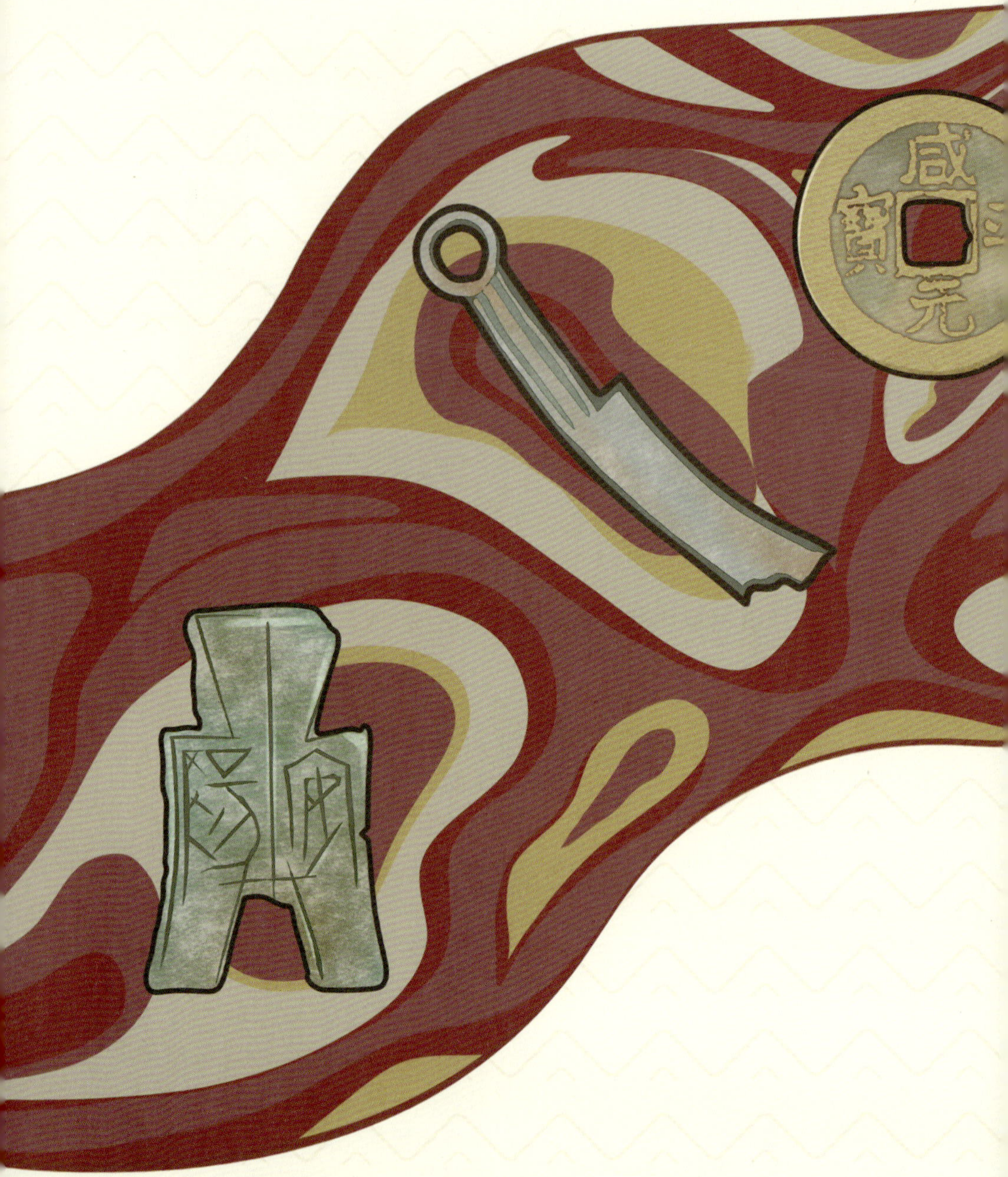

历代钱币

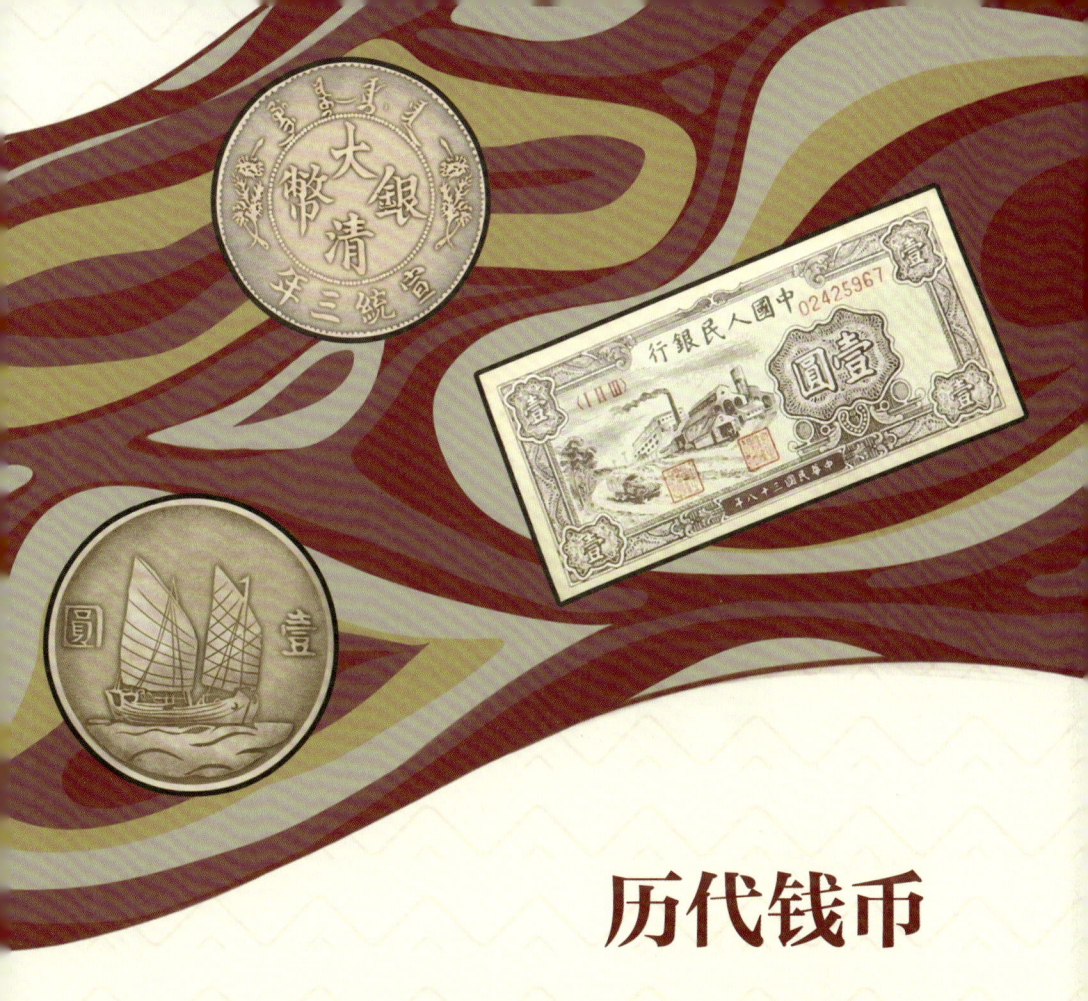

  钱币,是人类经济活动的产物,同时也是一种文化现象。一枚硬币,一张纸钞,能折射时代的枯荣,诉说贫富的悲欢,反映不同时代的工艺及文化特色。中国古代货币始于天然贝币,其后出现各式金属铸币。早期的金属铸币形态纷呈,自秦统一,中国古代铸币方孔圆钱的基本格局由此奠定。宋代出现了中国也是世界最早的纸币。近代以来,受西方货币文化东渐影响,中国货币呈现出新旧交替、中外混杂的局面,直至民国时期,近代机制银圆、铜圆和银行纸币成为主流。1948年12月,为新中国中央银行做准备的中国人民银行成立,并发行人民币,标志中华货币进入崭新的历史时期。中华人民共和国发行的各种金、银、铜纪念币,题材丰富,工艺精湛,品种上千,蔚为大观。赏琳琅满目之钱币瑰宝,亦可观中华货币悠悠数千年演变历程。

古代钱币

夏商时期，一种产自东南沿海、耀人眼目的小贝壳，作为一种具有财富意义的装饰品，在原始的物物交换中脱颖而出，成为中国最早的货币，其后盛行于商周。春秋战国时期，各国经济交往频繁，商品经济十分活跃，新兴金属铸币相继问世，形成具有时代气息和地域特色的布币、刀币、蚁鼻钱、圜（huán）钱四大货币体系，以及楚国特有的"郢爰（yǐng yuán）"金币等。其中，形制取象于环璧、纺轮的圜钱后来居上，逐渐演变为通行中国两千年的方孔圆钱。

布币　　　　　　　　　　刀币

春秋战国货币

布币，形状似铲，又称铲布，由古代一种青铜铲形农具——镈（bó）演变而来。西周中后期，中原重要农业区率先完成实用农具向货币形态的转化。春秋战国时期的布币，种类规格繁多，流通地域广大。最初的布币，形状很接近粗糙笨重的铲，它首部中空保留有作为农具时装柄的銎（qióng），因此称作空首布。后来，布币的重量逐渐减轻，币身变薄变小，到最后完全成为片状，称为平首布。布币文字多以地名为主，货币单位用"釿（jīn）"。

刀币，一种外形似刀的古币，主要由刀首、刀身、刀柄、刀环几部分组成。早期的刀币，与商代晚期的古刀式样极为接近，约在西周时期向货币形态演化。刀币主要有齐（国）刀和燕（国）刀两大类，春秋时期以齐刀为主，战国时齐、燕两大币系共同流通、互有影响。

手中用具作"流通"

半两五铢数百年

半两钱

王莽钱

秦汉货币

　　公元前221年，秦统一六国，建立中国历史上第一个中央集权制封建国家，秦始皇在经济领域里的重大变革之一，即统一货币，半两钱成为全国统一流通的法定货币。半两钱初为秦国铸币，战国圜钱之一。秦始皇以半两钱统一六国旧币，其地位遂定于一尊。方孔圆钱遂奠定中国古代铸币的基本特色和发展方向。汉初，半两钱仍通用。汉武帝时成功铸行标准五铢钱，以统一汉初较为混乱的币制，后世沿用这一体系700余年。

　　秦朝半两钱较前略小而轻，汉半两钱更趋小而轻薄。两汉之际的新朝皇帝王莽，逆经济规律肆意改制，使币制极为繁复杂乱，以致民商不行，天下抱怨。然而王莽钱大多铸造精良，钱文书法佳美，历来倍受称颂，如有"金错刀"之称的"一刀平五千"，及"大布黄千""货布""货泉"等，皆为后世收藏居奇之物。

历代钱币　　149

"宝"钱创制不称重

唐代钱币

开元通宝版制较多,可分为早中晚三期。早期开元轮廓精细,文字精美;中期钱背多铸有星、月等各种纹饰;晚期由于铜料冶炼不精,铸币粗糙,偶有月痕,版本复杂,以"会昌开元"为代表。"开元通宝"钱铸造规整,轮廓深峻,钱文端庄匀称,采用隶书,是大书法家欧阳询所写。其笔力险劲的"欧体","为一时之绝,人得其尺牍文字,咸以为楷模焉。""开元通宝"钱重3.5克左右,十钱(枚)正好一两。将"钱"引入衡制单位,以十进位制取代二十四进位旧制,对我国衡法产生重大影响。这种"宝"钱制不再以重量命名,为以后历朝历代所沿用。

唐"开元通宝"钱

宋代钱币

宋朝贵金属白银的货币功能得到加强,世界最早的纸币在中国诞生。钱币的铸造工艺达到一个新的高峰。

宋朝盛行年号钱、对子钱,部分地区铸行铁钱。18个皇帝共57个年号,就用45个年号铸钱。宋钱铸造精良,钱文书艺考究,真、草、行、隶、篆体皆备。"大观通宝""崇宁通宝"等为当朝皇帝亲笔,更为后世收藏珍品。

北宋"大观通宝"铜钱

宋"咸平元宝"铜钱

钱文书艺真草行

明代钱币

明代铜铸币较之元代有所复兴，纸币则因不能兑换而大幅贬值，流通日趋萎缩。白银的货币地位不断提高，至明代中叶，白银成为法定本位货币。清代沿用银、钱平行本位旧制，元明清时期，历经几次大的农民起义，形成了独具特色的农民起义币系列。

明初洪武元年（1368年）颁布"洪武通宝钱制"，并铸行"洪武通宝"铜钱。明代铸钱较多的有嘉靖、万历等朝，所铸铜钱也相对精整，而崇祯钱最为繁杂质差。

明"洪武通宝"铜钱

明"永乐通宝"铜钱

铜钱几禁复又兴

近代钱币

清代后期,随着外国金融势力进入,中国金融货币领域发生了历史性变化。货币体制及流通货币呈现出新旧交替、中外混杂、官私并存,银、铜、纸并用,货币名目、种类、规格纷繁复杂的局面。1890年,中国第一批机制银圆发行问世。1900年我国最早的机制铜圆诞生。1897年,中国第一家银行——中国通商银行成立,1904年,中国第一家国家银行——大清户部银行成立,开始了本国银行发行近代纸币的历史。

民国货币,承接并完成晚清以来的货币近代化历程。这时的局面更为复杂多变,有了国家、地方、商业、外国等银行发行的货币、军阀货币以及人民政权货币。

清宣统三年"大清银币"

西风东渐国币定

晚清银币

1884年,吉林机器局试制出了我国最早的新式机制银圆"厂平"系列,1890年,中国政府铸行的第一批机制银圆"光绪元宝"发行问市。其后各省相继仿铸。宣统年间,定银圆为国币,铸币权收归中央,铸有"宣统元宝""大清银币"等。

历代钱币 153

大头船洋并流通

"袁世凯肖像银币"

"船洋"

民国银圆

民国初年仍沿用晚清各式银圆。1914年颁布的《国币条例》以银圆为本位币，并开铸袁世凯肖像银币。前后铸行总量达五亿九千余万元，流通地域遍及中国各地。1927年国民政府迁都南京，改铸"船洋"，与袁头币并行流通。

"船洋"是国民政府在20世纪30年代铸造的银币的俗称。在中国近代发行的上千种老银币中，其影响仅次于"袁世凯肖像银币"。其正面图案铸革命先驱孙中山先生身着汉装的侧面头像，上方为"中华民国×年"；背面图案是双桅帆船放洋图，"壹圆"两字列在船的左右。

中华人民共和国钱币

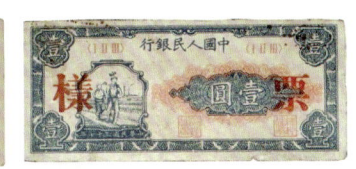

人民币的诞生，翻开了中华货币崭新的一页。1951年，人民币已成为中国唯一法定货币。与金银脱钩的信用纸币制度，代表了当今世界货币发展的趋势。第一套人民币于1948年12月1日发行，1955年5月10日停止流通。面额从1元到5万元共12种，62个版别。第一套中的1万元、5万元等大钞，则是为适应和收兑当时各类旧币而发行。当第二套人民币发行时，即以1：10000的比价兑换回收旧币，第二套人民币最大面值仅10元。

冠字珍藏不现世

第一套人民币壹圆工厂纸币

第一套人民币壹圆工厂纸币，发行于1949年8月，于1955年5月10日停止流通，目前仅有"I II III"一种冠字。这套人民币上的"中国人民银行"题字，由当时华北人民政府主席、人民银行成立和人民币发行工作的领导者董必武题写，其字挺拔、俊俏，为币增彩不少。

小知识：冠字

冠字也称"字头"，即印在票券号码前的符号。通常采用罗马数字加上阿拉伯数字或者英文字母加上阿拉伯数字的组合方式，用以表示各种票券和印制数量的批号，类似身份证号码，每张纸币的冠字都是独一无二的。

历代钱币

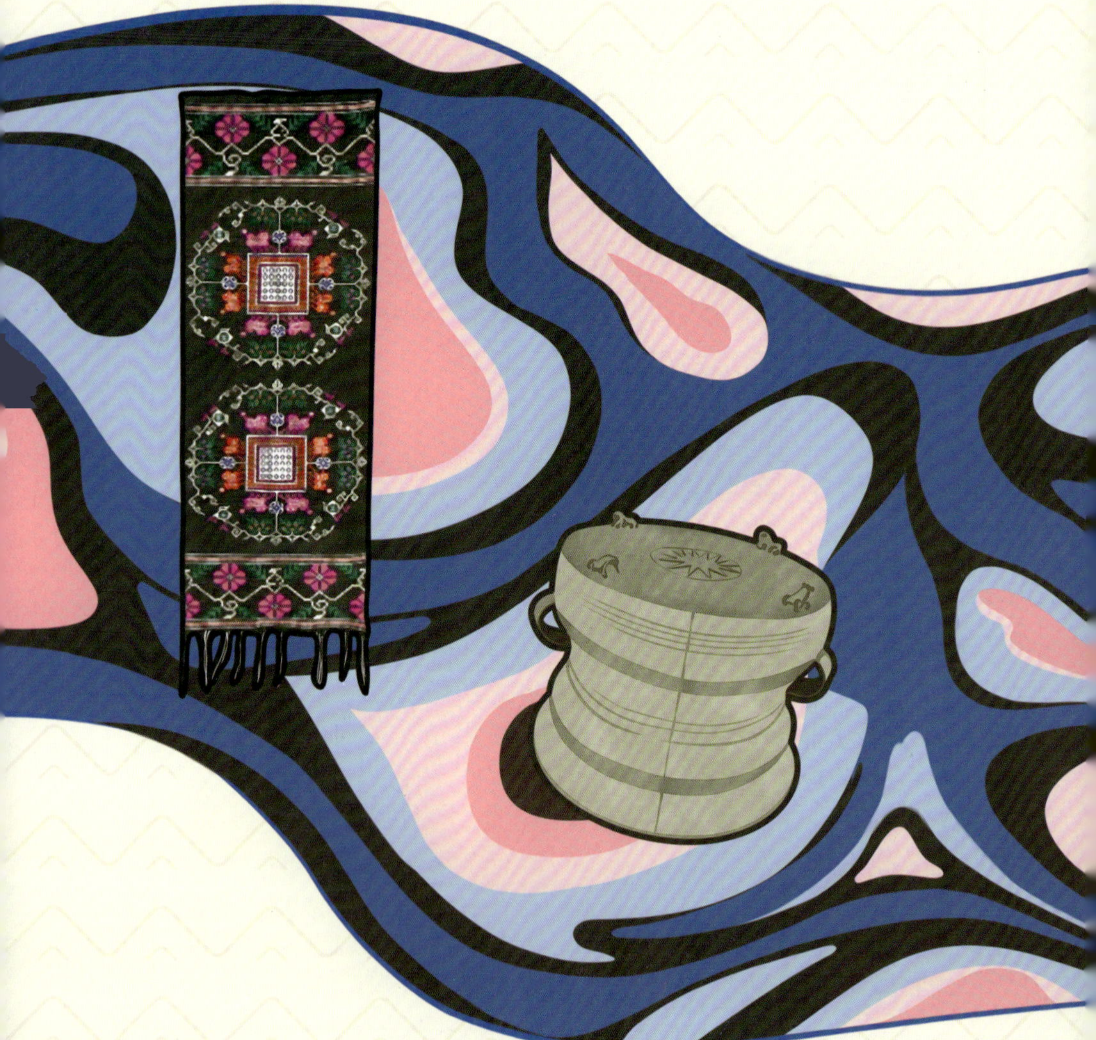

西南民族民俗风情

中国大西南，包括四川、云南、贵州、广西、西藏、重庆等省（自治区、直辖市），在这片美丽的土地上，各民族和睦相处，共建美好家园。大西南历史与自然的多样性和差异性，造就了西南民族文化与传统的多样性和独特性。美丽的自然山川、多彩的民族风情，造就了和谐、神奇的魅力大西南。

重庆中国三峡博物馆自20世纪50年代初就开始征集、研究西南少数民族的生产生活用品和艺术品。这里展示其中部分藏品，虽不足以反映西南少数民族文化的博大精深，但可窥西南民族风情之一隅。

土王一颗印（西兰卡普）壁挂

土家族　现代
长109cm　宽42cm
征集

巧手西兰织多彩

　　这里展示的一幅土王一颗印织锦（西兰卡普）壁挂是土家族历史文化与民俗艺术的再现。

　　在土家语里，"西兰"意为"铺盖"，"卡普"意为"花"。"西兰卡普"即"土花铺盖"。

　　西兰卡普在色彩调配上，喜用对比色，有"黑配白，哪里得；红配绿，选不出；蓝配黄，放光芒"的讲究。图案取材于日常生活或自然风光，纹样丰富饱满、色彩鲜明，具有明显的土家族风格。

　　"西兰卡普"是土家族传统的织锦工艺品，也是中国三大名锦之一，具有较高的工艺价值和广泛的实用性。它还是土家族婚俗中的主要嫁妆，是女家经济地位的标志。

小知识：土家族

　　土家族是中国人口最多的十个民族之一，主要分布在湘、鄂、渝、黔交界的武陵山地区，即湖南省西部的永顺、龙山、保靖、古丈等县，湖北省西部的五峰、长阳、来凤、鹤峰、咸丰、宣恩、巴东、建始、利川、恩施等市县，重庆市的酉阳、秀山、石柱、彭水、黔江等区县，贵州省的沿河、印江、思南等县。

土家新房的复原场景

在土家新房的复原场景中,一位身着红装的土家新娘头顶着红盖头,端坐在一张雕刻精致的镏(liú)金大床上,正盼着在屋外向来宾亲朋敬酒的新郎早早入洞房。

土家族有"哭嫁"的风俗,土家姑娘以哭声迎来结婚喜庆之日。与其说是哭,倒不如说是唱,其腔调大同小异,既伤感又抒情,充满了土家民族风情。新娘从出嫁前的半月起就要开声唱《哭嫁歌》,有的甚至要哭一个多月,短一点的也要哭三天或七天。哭嫁一般是在晚上,但白天如有女性亲戚朋友来访也要陪着一起哭,尤其是过门前的三天,当男方送来完婚的酒肉时,便哭得更厉害。过去,土家人还把能否唱《哭嫁歌》作为衡量土家女子是否具有才智与贤德的一个标志。

《哭嫁歌》的内容很多,主要是向父母、兄弟、姐妹及朋友等哭诉亲情、友情和离别之苦,或借机埋怨媒人或挖苦男方的贫穷等。今天,一些偏远山寨还保留了这种"古之遗风"。

泪水涟涟哭嫁唱

西南民族民俗风情

> **小知识：布依族**
>
> 布依族是云贵高原东南部的少数民族，主要聚居在贵州省黔南、黔西南两个布依族苗族自治州及安顺市和贵阳市，在贵州黔东南苗族侗族自治州、铜仁市、遵义市、毕节市、六盘水市及云南的罗平县、四川的宁南县与会理市等地也有分布。

蜡染团花鱼纹台布

布依族　现代

长90cm　宽88cm

征集

蜡染古称"蜡缬"（xié），是我国南方少数民族传统的纺织印染工艺之一，大约起源于汉代，后流传于南方苗族、布依族、瑶族等民族地区。

布依族女孩从十岁就开始学习制作蜡染布，她们把蜂蜡加热融化成蜡汁，用铜制的蜡刀蘸蜡汁，在白布上画出涡状、波状、菱形纹等几何图案，或鸟、凤、虫、鱼等纹样；待蜡干了以后，把布投入蓝靛缸内浸染成蓝色或青色；然后，再把布放进锅里煮，使蜡从布上融脱，原先绘蜡的地方就呈现出白色；最后，再经漂洗，蜡染布就制作完成了。其蓝白相间的图案色彩十分鲜明，常用于制作衣物和生活用品，富有民族特色。

蜂飞启蒙创古艺

相传，很早以前，有个美丽的布依族姑娘常用蓝靛将自己纺织的白布染成蓝布、青布来穿。一天她正晒布入染时，忽然一只蜜蜂飞来停在雪白的布上，结果这块布染出后，上面留下一粒染不上色的白点，聪明的姑娘据此发现蜡能抗染，从而发明了蜡染。

咚咚空鼓布号令

傣族铜鼓

傣族　民国
直径52.7cm　高37cm
四川古蔺出土

铜鼓是我国古代西南少数民族一种具有特殊社会意义的铜器。它原是一种打击乐器，也是传递信息、发布号令的重要工具，后演化为权力和财富的象征。它形似铜墩（dūn），面平腰曲、腔体中空无底，整体造型厚重大气；两侧有铜环耳，鼓面中央铸有太阳光芒纹的浮雕，鼓边塑蛙形立体装饰，鼓身遍塑虫、鱼、花、草、钱币等图案，具有很强的艺术性。

> **小知识：傣族**
> 　　傣族主要分布在云南省西双版纳傣族自治州、德宏傣族景颇族自治州和耿马傣族佤族自治县、孟连傣族拉祜族佤族自治县，其余散居在云南省的新平、元江、金平等30余县。

西南民族民俗风情　161

无花无褶不成衣

百褶裙

苗族　现代
裙长76cm　腰围92cm
征集

　　百褶裙，是指裙身由许多细密、垂直的皱褶构成的裙子，是苗族女性最重要的服饰之一，其可见于贵州、云南、广西等地，长短不一，有的长及脚面，有的没过小腿肚，有的过膝，有的则不足一尺，其中以长没膝部的最为普遍。此件百褶裙便是最常见的没过膝部的裙式。

　　苗族能歌善舞，挑花、蜡染、银饰制作等工艺美术瑰丽多彩，尤其以刺绣独具风格和技巧。苗族刺绣是苗族服饰主要的装饰手段，素有"无花不成衣"的美誉，在其衣襟、衣袖、裙摆、围腰、鞋帽等服饰上都能见到色彩艳丽、刺绣精美、富有本民族风格的绣品。苗族姑娘未出嫁前都要亲手绣一套嫁妆，一般要三至五年才能完成，心灵手巧、绣品上乘的苗族姑娘容易博得他人的赞许和追求。

小知识：苗族

　　苗族历史悠久，在中国古代典籍中就有关于五千多年前苗族先民的记载。苗族主要分布在贵州、湖南、云南、湖北、海南、广西、重庆等地。在黔东南和湘鄂渝黔的交界地带（以湘西为主）有较大的聚居区，在广西大苗山、滇黔桂、川黔滇交界地带和海南有小聚居区。

绣花羽毛男围裙

侗族　清代
前块，长38.2cm　宽57.6cm
后块，长50.6cm　宽47.5cm
征集

自给自足青蓝衣

历史上，侗族普遍使用自纺自织自染的侗布做衣服，细布绸缎、羽毛等作装饰。侗族服饰喜用青、蓝、白、紫，讲究色彩配合，通常以一种颜色为主，类比色为辅，再用对比性颜色装饰。男子多穿对襟短衣，或右衽无领短衣，包大头巾。女子上穿大襟无领无扣上衣，下穿百褶裙或长裤，束腰带、裹腿，包头帕或戴银冠及各种银饰等。侗族妇女擅长刺绣，往往在服饰上绣出各种图案花纹，形象生动，色彩绚丽。

这件绣花羽毛男围裙极富侗族传统服饰特色。

前块　　　　　　　后块

小知识：侗族

侗族主要分布在贵州、湖南、广西三省区交界地，如贵州省的黔东南苗族侗族自治州、铜仁地区，湖南省的新晃、靖州、通道等自治县，广西壮族自治区的三江、龙胜、融水等自治县。

山寨不宁牛琴吟

牛腿琴

侗族　现代

长51cm　宽7.5cm

征集

牛腿琴是侗族弓拉弦鸣乐器，因形体细长，形似牛大腿而得名，又称"牛巴腿"。牛腿琴历史悠久，规格多样，音色柔细，主要用于侗族民歌和侗戏伴奏。

关于牛腿琴的来历，民间流传着一个古老的传说：很久以前，在黔东南的一个侗族山寨里，住着穷、富两家人。富人经常仗势欺人，放狗去咬穷人，穷人也不示弱，奋起反抗，将狗打死。从此，两家仇恨日深。一次，穷人养的牛见主人被欺负，冲上前去相助，富人见势不妙，也放出自己的牛。此后，人与人打，牛同牛斗，闹得整个山寨不得安宁。

有位神仙下凡来调解，送给每人一支芦笙，让他们吹着走乡串寨，忘记争斗。而牛却不听召唤，越斗越凶。神仙担心牛的争斗再次挑起人的旧仇，气急之下，便把两头牛的后腿给砍断了，两头牛再也无法争斗。矛盾虽然得到解决，可穷人却永远失去了耕牛，他伤心地抱着牛腿痛哭不已。待牛腿腐烂了，他就做了一个木制的牛腿，仍抱着它一边抚摸，一边诉说自己的苦衷。后来，就逐渐形成了在民间流传的牛腿琴和牛腿琴歌。

马尾绣花背带

水族　民国
长103cm　宽57cm
征集

马尾成花背宝宝

　　水族服装多为黑色、蓝色。男子穿大襟布衫，里布包头；妇女穿蓝色大襟上衣，下着长裤，衣裤都镶有花边，节日穿裙子，戴各式耳环、项圈、手镯等银饰品。水族妇女擅长用"反结法"（梭结法）制作绣品，即用白马尾缠上白丝线，在布料上绣出各种精美图案，俗称"马尾绣"。

　　"马尾绣"是水族古老的刺绣工艺，2006年被列入首批国家非物质文化遗产名录，马尾绣背带是马尾绣的主要品种。这种背带有52道工序，能干的妇女也要耗费1年的闲暇时间才能完工。

　　马尾绣花背带说是"带"，实际上是一块刺绣华丽、结实的梯形帘子。水族妈妈既可用它来背小宝宝，又可以将其作为自己美丽装饰的一部分。因此，实用美观的马尾绣花背带是母亲为女儿出嫁准备的必备嫁妆。水族女子出嫁后，生育第一个孩子时，马尾绣背带作为富贵吉祥的象征，是外婆（或舅母）探视外孙（甥）的必备礼物。

小知识：水族

　　水族主要聚居在贵州省三都水族自治县，其余分布在贵州的荔波、独山、都匀、榕江、从江等县及广西壮族自治区的融安、南丹、环江等县。

西南民族民俗风情

木碗 民国

彝族漆器一组

木碗，高12.2cm　口径20.1cm
木漆托盘，高10.4cm　口径32.6cm
木漆小酒杯，高6.2cm　口径8.5cm
木漆酒壶，高20.1cm　腹径8.5cm

  这组木碗、木漆酒壶、木漆托盘等彝族漆器，造型古朴优美、色彩明艳大气、纹饰绚丽多姿，搭配和谐统一，极具彝族文化艺术特色。
  彝族漆器多使用木胎、皮胎、兽角胎、竹木混合胎和皮木混合胎制成，将坯胎涂以生漆，这便是素漆，另一种为彩漆，较素漆更为名贵，使用也最为普遍广泛。其中，木胎、皮胎占大部分，角胎、混合胎次之，竹胎较少。表面一般施红、黄、黑三色，由生漆分别和朱砂、石黄、锅烟调和而成。
  彝族漆器使用广泛，有餐具、酒器、兵器、马具等二十余种，造型敦实古朴，纹饰绚丽多姿，色调鲜艳夺目，是彝族文化艺术中的珍品。

小知识：彝族

  彝族主要分布在云南、四川、贵州三省和广西壮族自治区的西北部。其分布形式是大分散、小聚居，主要聚居区有四川凉山彝族自治州，云南楚雄彝族自治州、红河哈尼族彝族自治州，贵州毕节市和六盘水市。

木漆托盘 现代

木漆小酒杯 现代

木漆酒壶 现代

素彩皮竹作百器

西南民族民俗风情

绣花银饰鸡冠女帽

彝族　现代
长31cm　高17cm
征集

待字闺中戴鸡冠

彝族妇女的绣花衣多为宽边大袖的左衽衣服，在衣服的胸襟、背肩、袖口上多用红色、金色、绿色的丝线，挑绣各种花纹图案，有的还在衣领上镶嵌银泡。此外，彝族妇女还喜欢在头巾、衣襟、衣裳的下摆、围腰、裤脚、裙边等处，绣上各式色彩鲜艳、寓意深刻的花纹图案，作为别出心裁的装饰。

鸡冠帽是彝族分支撒梅人未婚女子的特色服饰，相传是吉祥、幸福的象征。鸡冠帽先用硬布剪成鸡冠形状，在表面绣上各种花卉，再用多个银泡镶边制成。鸡冠帽戴在撒梅姑娘头上，银光闪闪，有光彩夺目之效。

传说很久以前，有一对人人羡慕的彝族情侣，姑娘美丽善良，小伙儿勤劳勇敢。他们整天形影不离，白天一起上山牧羊，晚上一起和伙伴们对歌跳舞。森林中的魔王妒忌他们的爱情，发誓要将他们拆散。

在一个月夜里，当他们在森林里约会时，魔王施法，把小伙子变成一块大石头，然后逼着姑娘和他成亲，姑娘誓死不从。趁着月色，姑娘机智地逃到了一个山寨，魔王紧追不舍，这时山寨中的雄鸡突然鸣叫，魔王害怕天亮失去法力，便逃跑了。聪明的姑娘悟出魔王惧怕雄鸡的叫声，于是，她抱起一只雄鸡跑回森林，在雄鸡的叫声中她的情人居然复原了。

从此，只要有公鸡在，魔王就不敢再来欺负他们。不久，姑娘与小伙结为夫妻，过上了幸福的生活。于是，雄鸡驱魔的传说在彝族撒梅人中广为流传。姑娘把象征吉祥幸福的鸡冠帽戴在头上，希望雄鸡永远保护自己。鸡冠帽不仅把撒梅姑娘装扮得非常娇艳，更寄托着撒梅姑娘对幸福的向往。

英雄结青年帽

彝族　现代
直径22cm　帽高11cm
征集

　　凉山彝族成年男子喜欢用青布包头，在前额处，扎出一个长长的锥形结，俗称"英雄结"，以示英武气概。
　　年龄不同，"英雄结"的缠状也有所区别。年轻人"英雄结"细如竹竿，长20～30厘米，直竖于左前方，以示年轻人生机勃勃；老年人"英雄结"偏短，昂立于左前方，以示老成持重。

英雄气概英雄结

百花摇曳绕飞蝶

镶花女上衣、女裙

傈僳族　现代
袖长133cm　衣长68cm
征集

　　这件镶花女上衣为斜襟蓝地宽饰边的形制，胸襟、领口、袖口主要用红、黄等颜色的彩线镶成多道花纹图案。镶花女裙为白色土织麻布拼成的波褶裙，裙长至脚踝，裙摆绣红色、青色相间的条形花纹图案，明艳大方。

　　傈僳族男子一般着麻布长衫或短衫，裤长过膝，有的以青布包头，左腰佩砍刀，右腰挂箭袋，显得古朴大方。

　　傈僳族女子的服饰美丽大方，喜欢把自然的美丽穿在身上。她们上穿短衣，下着长裙，头饰红白料珠，胸前佩彩色料珠项链。尤其裙子别具一格，是用上百片各色布料精心剪裁缝制而成的，因此被称作"百花裙"。

小知识：傈僳族

　　傈僳族历史悠久，最早生活在四川、云南交界的金沙江流域，后逐步迁徙到滇西怒江地区定居下来。傈僳族崇拜自然，能歌善舞，每到节日，都要尽情歌舞，主要聚集在云南省怒江傈僳族自治州，其余分布在丽江、迪庆、大理等地，四川省的盐源、盐边、木里等县也有分布。

五色丝线信手拈

绣彩蝶花卉绒布领架

羌族　现代

长26cm

征集

　　这件绣彩蝶花卉绒布领架，在衣领、衣襟处绣有蝴蝶、花卉图案作为装饰，造型简练，线条流畅优美，体现了羌族妇女高超的刺绣技艺。

　　凡着羌族服饰者，服饰上均可见刺绣挑花。羌族妇女挑绣时不打样、不画线，仅以五色丝线或棉线信手挑出。刺绣一般装饰于头帕、围腰、飘带、肚兜、衣领、衣角、襟边、鞋面上，令其服装多了几分韵味。

小知识：羌族

　　羌族源于古羌，是中国西部的一个古老的民族，对中国历史发展和中华民族的形成都有着广泛而深远的影响。羌族聚居于高山或半山地带，主要分布在四川省阿坝藏族羌族自治州的茂县、汶川县、理县；绵阳的北川羌族自治县、平武县等地。羌族自称"尔玛"或"尔咩"，被称为"云朵上的民族"。

西南民族民俗风情

尚白一族巧花饰

女装

白族　现代
衣长86cm　衣袖长144cm
云南大理博物馆赠

　　这套白族女装充分体现了白族服饰的特点，浅色为主，深色相衬，有着强烈的对比，整体给人明快清新的感觉。

　　白族崇尚白色，服饰以白色为尊贵。其服饰因聚居地不同而略有差异，但总体特征是：用色大胆，浅色为主，深色相衬，对比强烈。此外，白族服饰挑绣精美，一般都有镶边花饰，但装饰繁而不杂，美观大方。

小知识：白族

　　白族主要分布在云南、贵州、湖南等省，其中以云南省的人口最多，四川、重庆等地也有分布。

披星戴月系胸前

七星羊皮披肩

纳西族　现代
长84cm　宽76cm
征集

  这件七星羊皮披肩是用去毛、洗净、硝白后的羊皮缝制而成的，披肩背上又绣了精美的七颗星星，肩两旁缀有日月图案。披肩的两角钉上两条白布带，劳动时拉到胸前交叉系紧，看上去犹如七颗闪亮的星星围着一轮明月，因而被称为"披星戴月"。
  丽江一带的纳西女子通常身着长过膝盖的大褂，外穿坎肩，腰系百褶围腰，下着长裤，背披披肩。

> **小知识：纳西族**
>   纳西族主要聚居于云南省丽江市，其余分布在云南其他县市和四川省盐源、盐边、木里等县，西藏的芒康县也有分布。

西南民族民俗风情

《东巴经》

纳西族 现代

《东巴经》是纳西族东巴教的经书。东巴教是纳西族信奉的原始宗教。"东巴"是纳西族对传统宗教神职人员的称呼，意思是智者，他们是纳西族最高级的知识分子，大多集歌、舞、经、书、史、画、医于一身，是东巴文化的主要传承者。

东巴文在纳西语中称"森究鲁究"，意为"木石之标记"，属纳西族使用过的一种象形表意文字。其创始于唐代，至今已有1000多年的历史，大约有1400个单字，至今仍为东巴（祭司）、研究者和艺术家所使用，被视为全人类的珍贵文化遗产。

《东巴经》通常书写在构树皮和荛花制成的土纸上，系祭司东巴口诵手抄而世代相传。其主要为宗教方面的内容，亦有本民族早期的历史传说和文学作品等，被誉为纳西族的"百科全书"，被公认为世界唯一"活"着的象形文字，是研究纳西族宗教、语言文字及社会历史的宝贵材料。

纳西百科花木香

十二相面具

藏族 现代

十二相面具及其舞蹈流行于四川南坪白马藏族地区。面具的造型以藏族的十二生肖为主，间杂以当地特有的飞禽走兽。当地人多在逢年过节时跳"十二相舞"。

十二相舞源于白马人崇尚"万物有灵"的原始时期，带有一定的祭祀性，用来驱邪祈福。舞者头戴面具、身着戏装，一人领舞，众人相合，依曲合步，矫健豪放。以鼓钹（bó）、铜号、胡琴等为伴奏乐器，载歌载舞。此处展示了牛、龙、虎、旱鸭子、喜鹊、凤凰、狮、熊、笑和尚九种面具。

万物有灵生肖面

> **小知识：藏族**
>
> 藏族主要聚居在西藏自治区，以及青海省的海北、黄南、海南、果洛、玉树等藏族自治州和海西蒙古族藏族自治州，甘肃省的甘南藏族自治州和天祝藏族自治县，四川省的阿坝藏族羌族自治州、甘孜藏族自治州和木里藏族自治县，云南省的迪庆藏族自治州。

歌舞募得铁索桥

藏戏服装一组：藏戏帽、胸巾、戏袍

藏族　现代

藏戏是广泛流行于藏族地区，以歌舞形式表现故事的综合性艺术。相传15世纪初，为募资金修建雅鲁藏布江铁索桥，噶（gá）举派的僧人汤东结布在白面具戏基础上吸收佛经中的传说和民间故事创造了藏戏，17世纪时已普遍流行。剧目多取材于佛经中的神话故事、民间故事，如《文成公主》《格萨尔王》等。

法螺吉祥扬妙音

右旋白海螺

藏族　民国

白海螺，藏语称"东嘎"，又称法螺贝。按佛经说，释迦牟尼佛说法时声音响亮，如同大海螺声一样响彻四方，所以现今法会时常吹奏法螺，用来代表法音。在《大日经》中，即有"汝自于今日，转于救世轮，其音普周遍，吹无法法螺"。它也可称作"妙音吉祥"。

在西藏，以右旋白海螺最受尊崇，被视为"名声远扬三千世界"之象征，也象征着达摩回荡不息的声音。

绿色宝身寂静相

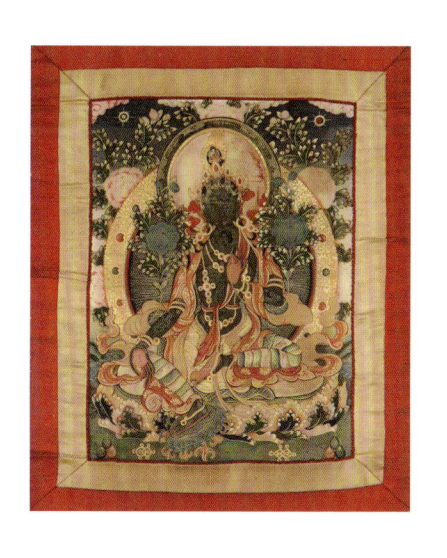

绿度母唐卡

藏族　清代

长24.8cm　宽18.7cm

1951年成都购买

　　唐卡亦称"唐喀",为藏语音译,意为用彩缎织物装裱成的卷轴画,为藏族宗教艺术中的珍品。

　　绿度母唐卡正中是绿度母,墨绿色身,头戴五佛宝冠,寂静相。头后是外绿内粉红的圆形头光。上身披红色花纹博带,下身系五彩裙。身后是外黄内蓝放射状身光,双手各捏一支乌巴拉花。

　　绿度母信仰起源于古印度。相传,绿度母是由观音大士眼泪所化现,是慈悲与绝美的象征;在西藏,绿度母与观世音菩萨、莲花生大师一同被奉为"世间三殊胜之神",为藏传佛教各个教派所重视。

西南民族民俗风情

历代书画

  中国书画是中华文化的重要组成部分，有着深厚的传统和独特的民族风格。中国画有"工笔"和"写意"之分，常以人物、山水、花鸟为题材。千百年来，中国画坛百花齐放，涌现出众多的艺术流派。

  世界上，将"写字"视为艺术的民族屈指可数，中国历代书法家们以真、草、篆、隶、行诸书体展示他们的才艺，诞生了众多的书艺流派。

  中国书法与绘画在起源上有相通之处，它们共同的工具是毛笔，并在

笔墨运用上具有共同的规律性,这就是所谓的"书画同源"。

重庆中国三峡博物馆有幸收藏绘画作品10000余件,自宋至当代,序列完整,涵盖山水、花鸟、人物等类别。通过馆藏书画珍品认识历代名家的流派、风格,观众能在观赏中了解中国书画的基本常识,获得美的享受。本书精选部分书画作品,以飨观众,馆内绘画展厅会不定期展览历代绘画。

宋元绘画

本馆宋元时期绘画虽数量不多,却为精品中的精品,既有宫廷画家的代表作品,又有职业画工的宗教绘画。

宋代绘画受到宋代理学"格物致知""理一分殊"理论的影响,使得两宋画家特别注重师法自然(当时称为"写生"),绘画具有重理法、重质趣、重写实的时代特征。特别是山水画方面,截然不同于早期山水画的"人大于山,水不容泛",而是以可观可行可游可居为标准。

《杂景院画册》(八开)

南宋　马麟等
绢本设色
纵14cm　横22cm

本册是南宋时期马麟等七位宫廷画家的联袂之作,设色写生,花鸟、草虫、人物各尽其妙。画册虽然篇幅不大,但小巧精致,色彩艳丽,气息高雅,沿袭了北宋院画工笔写实的传统。其视角由表现全景转向深入发掘,细腻表现较平凡的角落及近景中所蕴藏的美的变化,其构思的巧妙和风格的优美正是南宋院画的主要成就与典型特征。

图册中的五幅作品有宋宁宗杨皇后的题字"上兄永阳郡王"字样,字上加盖"癸酉贵

妾杨姓之章"篆文朱文长条印，所钤"御府图书"印，表明该册曾为南宋宫廷所收藏，所钤"项子京印鉴"存疑。该册著录于清代方濬颐《梦园书画录》，名称为"宋院画小品册"。

马麟，原籍河中（今山西永济），马世荣之孙，马远之子，生卒年不详。

宫廷妙手皇家赏

《仙山楼阁图》团扇

元代　佚名
绢本设色
纵26.4cm　横27.5cm

　　此图又名《天台山图》，天台山是道教名山，此图表现了道教的名山"仙境"，是一幅绢本工笔描金青绿山水界画。

　　此幅扇面以宫室、楼台建筑为主要绘画题材，上有祥云缭绕，青山叠翠，仙人乘鹤，下有群仙云集，整幅画面色彩鲜艳浓烈、富丽壮阔，极富宫廷气息。此图虽不大，但极其精巧，在小小的画面上绘有人物104个，人物身高不足7毫米，头部仅芝麻大小，且绘出五官，用放大镜看清晰可辨。屋瓦全用金线描绘，山石亦有金线勾勒。楼阁之窗棂，台基之雕饰，亭榭之栏杆，苍松之针叶，笔笔精细。文物鉴定专家傅熹年先生曾说，如此精细的古代小幅绘画作品，目前国内仅此一件。

　　此图无款，与图合装为一册。封面为康熙进士王澍（shù）楷书"天台山图"四字。首页有清代胡升猷题"赤城霞灿"行书四字。 画面正中钤印篆书朱文印"潞国敬壹主人中和存世传宝"。

　　"敬壹主人"就是明潞王朱常淓，字中和，号敬壹，此人为明神宗侄子，他在绘画、书法、音律、制琴方面均颇有造诣，是目前所知此图最早的收藏者。

　　此后，此画先后被清代著名收藏家梁清标、康熙二十七年（1688年）进士汤右曾收藏；光绪时为胡薇元所有，后附清人胡升猷、王澍、李慈铭、胡薇元等人题跋32则。前人流传此幅为唐大李将军或小李将军所作，后被王缵绪收藏。1950年，王缵绪将此画捐献给西南博物院。1989年著名建筑历史学家、文物鉴定专家傅熹年先生以图中建筑形制鸱（chī）尾向外弯曲乃元代建筑特征论定此图为元代绘画。

仙境青绿尺为具

小知识：界画

　　界画，是中国绘画很有特色的一个门类。在作画时线条均以界笔直画线所做，所以叫界画。

　　宋代界画就其数量、质量、内容、形式而言，都达到了我国绘画史上空前的高度。到了元代，尽管元代画坛主流被文人画所占据，界画仍以其精细工巧独具特色在画坛占据一席之地。以工笔严谨、造型准确为创作宗旨的界画与当时文人画家所追求的笔墨韵味相斥，却受到了重视工巧的元代朝廷的青睐。馆藏元代佚名《仙山楼阁图》（又名《天台山图》），正是这样一幅工笔重彩金碧山水的界画。

明代绘画

馆藏明代绘画内容丰富,涵盖明代早中晚期各主要流派及名家画作,山水花鸟人物各科均有代表杰作。

明代是历史上的又一盛世,史称"治隆唐宋""远迈汉唐",再加上经济繁荣、社会安定,使明代绘画画风迭变,画派繁兴。明代绘画在延续宋元绘画传统的基础上,先后衍生出了院体、浙派、吴门画派、松江派、武林派等在中国绘画史上影响巨大的画派。

大明墨竹开山手

《枯木竹石图》轴

明代　王绂(fú)

纸本水墨

纵90.5cm　横31cm

此图以枯笔绘枯木、细竹立于二石之上,枯木昂扬挺拔,竹法严谨合度,画风古朴,得元人真意。款识:"九龙山人王绂写寄口先生",钤印:"孟端"白文方印。王绂作品传世不多,此画为其墨竹的经典之作。

王绂(1362—1416年),字孟端,无锡人,明初大画家,永乐元年(1403年)开始参与编纂《永乐大典》。擅长山水,尤精枯木竹石,被董其昌称为明代画竹的"开山手",更有世人称其墨竹为"明朝第一"。

画笔常染儒释道

《三教圣人图》轴

明代　王彬
绢本设色
纵123cm　横49.5cm

  画中的三位人物，中间的是孔子，左边的是老子，右边的是释迦牟尼。
  三教在中国一般指的是儒、释、道三教。儒教，亦称"孔教"，儒教最高称圣，创始人是孔子。释，是指佛教，佛教最高称佛，创始人是释迦牟尼。道教和道家密不可分，最高称仙，道教创立时将老子尊为教祖，奉老子著作《道德经》为主要经典。
  "三教圣人"是中国古代画家常表现的题材。这三教原本各自独立，后因为时代、战乱、知识的发展，曾出现过三教合一的盛况。将三教圣人画在一起，正体现了我国儒、释、道三教合一的历史，即所谓"三教圣人所说之法，殊途同归"。重庆大足妙高山宋代石窟中，就已有"三教合一"的孔子、释迦牟尼、老子造像。

《葵阳图》卷（局部）

明代　文徵（zhēng）明
绢本设色
纵26.6cm　横97.5cm

　　《葵阳图》为书画合卷，乃是文徵明为同辈翰林院待诏、中书舍人李葵阳而作。引首篆书"葵阳"二字，署"徵明"款。图为粗笔设色，画葵阳草堂，茅屋三间，正厅一老叟正在课读生徒，宅外种植葵花，因以为名。四周溪流环绕，林木成荫，具有江南田家景色。署"徵明制葵阳图"行书款，钤"文徵明印"白文方印。

　　图后冷金笺纸本上以行书题五言诗一首。诗书画相得益彰，极富文人情趣，是明代文人画的代表佳作。卷末有明、清多人题跋，足见此卷流传有序。

　　文徵明（1470—1559年），原名壁，字徵明，以字行，长洲（今江苏苏州）人。书画皆工，而画尤胜。世称其画兼有赵孟頫（fǔ）、倪瓒、黄公望之长，为"明四家"之一，也是"吴门四家"中另一集大成者。文

篆书"葵阳"

吴门领袖负盛名

徵明出身仕宦，与祝允明、唐寅、徐祯卿合称"吴中四才子"。

在吴门四家中，文徵明成就比肩沈周，成为继沈周之后的吴门领袖。其追随者众多，画史称吴门派主力大都出自文氏门下。其绘画风格早期工细，晚年粗细皆能。文氏一生负盛名，索画者众，代笔、伪作亦多。此图为文徵明进京任翰林院待诏时的精心佳作。

自成一派才气横

《明唐寅仿韩熙载夜宴图》卷（局部）

明代　唐寅
绢本设色
纵31cm　横548cm

此图是馆藏的十大镇馆之宝之一。

此图临自五代南唐画家顾闳中所作的《韩熙载夜宴图》；绢本，工笔重彩；行笔秀润缜密，又现韵度；人物眼波流转，造型准确；概括力强，形象秀美，线条流畅，韵致风流；用色明丽浓艳。

唐寅自题七绝两首："身当钧局乏鱼羹，预给长劳借水衡。费尽千金收艳粉，如何不学耿先生。吴门唐寅"，下钤"唐白虎"朱文方印，"南京解元"朱文长方印；"梳成鸦鬓演新歌，院院烧灯拥翠娥。潇洒心情谁得似，灞桥风雪郑元和。吴郡唐寅"，下钤"唐寅私印"白文印及"六如居士"朱文印。

诗中的"耿先生"为五代南唐女道士，好书善画，为诗

往往有佳句，为人洒脱自在。

唐寅（1470—1524年），字伯虎，一字子畏，号六如居士、桃花庵主、鲁国唐生、逃禅（chán）仙吏等，吴县（今江苏苏州）人。他玩世不恭而又才气横溢，诗文擅名，与祝允明、文徵（zhēng）明、徐祯卿并称"吴中四才子"，画名更著，与沈周、文徵明、仇英并称"吴门四家"，也称"明四家"。

唐寅出身商人家庭，受过良好的教育。29岁时得中南京解元，但入京会试时被考场舞弊案牵连而仕途断绝。从此绝意进取，以诗文书画终其一生。

在"明四家"中，唐寅是比较特殊的一位，他既是文人画家，又是职业画家，或者说他介于文人画家跟职业画家之间。他有着文人画家的出身与知识涵养，而最后因为不得志而鬻（yù）画维生使他成为一名职业画家。他早年随职业画家周臣学画，追慕李唐、刘松年、马远的院体传统，而后又与沈周、文徵明、祝允明等文人书画家相善，吸取元代四家水墨浅绛法，使他成为真正的兼收并蓄、自创一派的大家。馆藏《明唐寅仿韩熙载夜宴图》，启功、刘九庵、谢稚柳等赞其为"仅次于故宫卷"的"头等特级品"。

历代书画　189

云山墨戏深得法

《仿米云山图》轴

明代 戴进
绢本设色
纵137cm 横75.8cm

　　此幅画以水墨为主，绘云山林木，在树干和屋顶等处，略施赭石色，表示日光所照射。整幅云山仿米芾父子笔法，烟气氤氲，树法严谨，布局深远。烟雨朦胧苍润的夏季景色，山石树枝亦以渲染出之，笔法苍古，布景幽然恬静，不失大家法度。

　　款识："钱塘戴进写"，钤"静庵"朱文方印。

　　戴进（1388—1462年），字文进，号静庵、玉泉山人，钱塘（今浙江杭州）人。初学银工，所造花鸟人物精巧绝伦，继而学画，山水得诸家之妙，模拟李唐、马远居多。为明院体浙派之祖。

突破「院体」多变风

《鱼鸟清缘图》轴

明代　林良
绢本水墨
纵123cm　横72cm

　　这幅作品纯以水墨写意表现出禽鸟羽毛的华彩，尤其是枝叶有如草书的笔法，是明代院画作品中水墨粗笔写意一派。

　　这幅画本没有款识，被"扬州八怪"之一的高凤翰鉴定为林良的作品，并题绝句四首及图名"鱼鸟清缘"。其中"平分烟水自相忘""始信江湖世界宽"等句，既合乎画中情境，又表达了高凤翰逍遥的心绪。全图融两位名家的笔墨于一幅，诗书画配合精妙，有浑然天成之美。

　　林良，字以善，广东南海人，明代著名画家，明代院体花鸟画的代表人物，也是明代水墨写意画派的开创者，在明代院体画中独树一帜，对后世画坛、职业画家、文人画家均产生重大影响。

历代书画　191

臣子画家集一身

《雪山萧寺图》轴

明代 董其昌
绢本设色
纵116.5cm 横50.5cm

这幅作品是浅绛设色，对角线构图。远处高山峻岩中微露萧寺一角，中景一江分隔两岸，近景在对角线处山石上发枯木数丛。整个画面杳无人迹，显得格外萧条荒凉。

董其昌（1555—1636年），字玄宰，号思白、香光居士，谥号"文敏"，松江华亭（今上海市）人。他既是明朝后期大臣，又是书画家，为吴门画派分支华亭派的代表人物。

"吴门四家"传派支流众多，名家辈出。其中董其昌作为华亭派的首领人物，其南北宗绘画理论对明晚期及清代画史产生了极大的影响。其书画创作讲求追摹古人，但并非泥古不化，在笔墨的运用上追求先熟后生的效果，拙中带秀，体现出文人创作中平淡天真的个性。

承前启后创吴门

《临水宴坐图》轴

明代　沈周
绫本设色
纵159cm　横63cm

本幅为设色山水，绘群山障壁之间一溪流出其中，前景一老者临水宴坐，其身后林木葱郁；设色淡雅，意境旷远，用笔苍劲古朴，具有北宋山水画气息，反映出沈周对宋元各家的融会贯通，出入自然。画心右上方是沈周自题诗，诗书画三者合一，是沈周早期的代表作之一。在沈周自题诗的左边有明代文学家陈霆的题诗。

沈周（1427—1509年），字启南，号石田，晚号白石翁，长洲（今江苏苏州）人，明代著名的画家、书法家，开创了吴门画派，是唐寅的老师，为"明四家"之首。

他生平不应科举，专事绘画及诗文创作。他的书法师黄庭坚，诗效苏轼、陆游。初法董源、巨然，后宗黄公望、吴镇。细笔、水墨、浅绛皆精。他在师法宋元绘画的基础上，发展了文人水墨写意山水和花鸟画的表现技法，对元明以来的文人画发展起到了承前启后的作用。

清代绘画

清代绘画是馆藏绘画之大宗。清代绘画存世较多，一方面是时代去今未远，另一方面也体现出清代画坛的纷繁局面，绘画创作又达到一个顶峰。明清朝代更迭，使得政治、经济、文学、艺术等社会各方面都面临着一场天崩地解的动荡。虽然讲求笔墨趣味的文人画仍占据主流，山水画与水墨写意画仍在盛行，然而，受当时政治文化环境的影响，清代绘画艺术形式不断翻新出奇，风格争奇斗艳。

清代初期画坛上出现了以"四王"为代表的摹古派。摹古派所提倡的审美情趣，既符合儒学中庸平和的传统理念，又迎合了清初上层社会的政治需求，因而得到皇室的大力扶持，被奉为画坛正宗。"四王"即王时敏、王鉴、王翚（huī）、王原祁，其传派包括其弟子、子孙，人数众多，影响深远。

《晞（xī）发图》轴

清代　陈洪绶
纸本设色
纵105cm　横58cm

图中一美髯男子长发披肩，醉眼蒙眬，边思边饮，颇有放浪形骸之态。人物笔健有力，面孔被夸张地拉长变形，衣纹清圆细劲，于流畅中略见顿挫，这种远承自五代人物变形画法正是陈洪绶成熟时期的风格。画中的桌上马蹄尊中插着的竹枝与菊花，散落的冠笄以及盘中的佛手，还有放在一边的古琴，无一不是在暗示男子文人隐士的身份，似乎在暗合清代遗民的避世心境，借此表达自己在明亡以后还继续苟活的负疚感。由款识"老迟"之号可知该画作于明亡之后。

陈洪绶（1598—1652年），字章侯，号老莲，浙江绍兴诸暨人。明代著名书画家、诗人。擅画山水，尤工人物，与崔子忠齐名，号"南陈北崔"。

陈洪绶出身仕宦之家，从小受到了良好的教育，幼年就开始作画，其

慕古不拘破常规

绘画既慕古又不拘成法，敢于打破常规，所作人物形象奇古，线条沉着劲练，富有想象力。这幅《晞发图》即是他上述风格的典型体现。晞发，本指把洗净的头发晾干，后亦指洗发。

一树一石皆有本

《仿米山水》轴

清代　王时敏
纸本水墨
纵62cm　横38cm

　　此图为王时敏晚年作品，此轴以水墨横点写山水树石，用笔苍润古朴。干笔勾皴（cūn）山石水面，湿笔濡染远山林木。墨色醇厚，苍浑秀嫩。作者自题"戏仿米家山"，如此生趣盎然的墨戏极为罕见。

　　王时敏（1592—1680年），字逊之，号烟客、西庐老人等。江苏太仓人，为清代画坛娄东派奠基人。擅山水，专师黄公望，"清六家"中王翚（huī）、吴历及其孙王原祁均得其亲授。他作画强调师古，主张"一树一石，皆有原本"，反对自出己意。

　　王时敏出身明代官宦之家，家藏历代书法名画甚多，反复观摩，并得董其昌等人指点。他的祖父王锡爵曾与董其昌同朝为官，王时敏少时受其指导，为董其昌的入室弟子，画法早期较为工细清秀。入清以后，王时敏闭门不出，寄情翰墨，画法学董源、巨然、王蒙等诸家，尤专黄公望，风格更为苍劲浑厚。

骨重气轻偏重墨

《烟浮远岫图》

清代　王鉴
绢本设色
纵114m　横63cm

　　此图为王鉴77岁时仿巨然的山水作品，描绘了江南的山峦丘陵，山多矾头而不作嶒峻奇峭之状。画面中间有一溪流蜿蜒流过，山石上杂树丛生，山石多以长披麻皴写之，上有焦墨点苔。用墨浓润，骨重气轻，匠心独具，沉雄古逸。

　　王鉴（1598—1677年），字玄照，后改字元照、圆照，号湘碧、染香庵主。擅长山水，远法董源、巨然，近宗王蒙、黄公望。

历代书画　197

剑门樵客清画圣

《仿元人山水图》轴

清代　王翚（huī）
纸本水墨
纵178cm　横47cm

　　此图于1673年王翚为其好友书画家笪（dá）重光（1623—1692年）所作。描绘奇峰飞泉，寒林亭舍，一高士立于桥上悠然观瀑。整幅以褐笔淡黑皴（cūn）擦，布局高远，雅致有元人笔意，是王翚绘画巅峰时期的佳作。

　　王翚（1632—1717年），字石谷，号耕烟散人、剑门樵客、乌目山人等，江苏常熟人。工山水，为清初"四王"之一。

　　王翚少时得王鉴赏识而被其收为弟子，后得王时敏指点，是"二王"最得意的门生。王翚虽然接受了王时敏强调摹古的绘画理论，但他广采诸家之长，融汇南北画宗为一，形成了自己的面貌，为"四王"之中技法最为全面的一个，在清代初期被尊为"画圣"。王翚还是虞山画派的鼻祖。

《扁舟图》卷（局部）

清代　王原祁
纸本设色
纵40cm　横74cm

娄东创始刚变柔

　　本幅作品为青绿山水，绘湖山之间扁舟一叶，描绘了文人退隐生活的理想情景；用笔沉着，干笔皴擦赋色，墨色交融，给人以山林蓊郁之感；画面开阔干净，层次分明。引首为万经隶书题名"扁舟图"，拖尾有题跋37段。钤印白文"王原祁印"、"麓台"朱文印。

　　王原祁（1642—1715年），字茂京，号麓台、石师道人。江苏太仓人。王时敏孙，以画供奉内廷。他擅画山水，继承家法，学元四家，以黄公望为宗，是"清六家"之一。其追随者甚多，为娄东派创始人。他得清代宫廷器重，娄东派几乎独霸一时，清代名家多人均为娄东派门人。

　　王原祁幼年即得王时敏指点临习古画，秉承家学，画法风格以仿黄公望为主，喜用干笔积墨法，层层皴擦，积淡为浓使画面融和厚重，元气淋漓。他提出"化浑厚为潇洒，变刚劲为柔和"的绘画理论，对后世影响极大。

青绿山水融西风

《山水图》册（十二开）（局部）

清代　强国忠
绢本设色
纵31cm　横37cm

　　此册为青绿山水，共计十二开。每开有孙岳颁小楷书唐人七言律诗各一首，典型的清院画风格。既有工笔重彩，又有细笔山水。笔墨严谨细致，设色富丽，画风受到西洋画的影响，讲究透视效果与光影的运用。该册为《石渠宝笈》所收录，钤有"乾隆御览之宝""嘉庆御览之宝""石渠宝笈"及"御书房鉴藏宝"，说明该画曾为清内府所珍藏。

　　书款识"臣强国忠恭画"，钤印"国忠"朱文连珠印。

　　强国忠，字大年，号琢庵，奉天人。官至郎中。工书，善细笔山水。曾与王原祁等人同侍内廷。

喜怒毕肖波臣派

《村斗图》轴（局部）

清代 谢彬
纵138cm 横74cm

此图描绘了两户隔水而居的人家打架斗殴的场景，桥上有两人正在评理，旁边有人在劝架，那个光着膀子被劝的人气得还要冲上去打，他身后的女人抱着孩子指着对方骂，还有看热闹的。场景生动，面目传神，取材新颖别致，是幅绝好的民俗风情图画。

《村斗图》属人物画中的风俗画科。此画科盛行于两宋时期，至明清时则遽然衰落，传世者益稀。此图是作者晚期作品的精心之作。

谢彬（1602—1681年），字文侯，号仙臞（qú），浙江上虞人，寓居钱塘（今浙江杭州）。为曾鲸得意门生之一，得其真传，略施数笔即喜怒毕肖，工山水，学"元四家"，兼能花卉、鱼鸟，与沈韶、徐易、张远等共称"波臣派"，是波臣派的重要画家。

黑龚白龚率金陵

《翠嶂飞泉图》轴

清代　龚贤
绢本水墨
纵191cm　横89cm

此图是典型的"黑龚"作品。描绘重峦叠嶂中瀑布飞出，云气蓊郁。林树深秀，有江南夏秋景色。层层积墨，多次皴（cūn）擦渲染，墨色厚而润，又层次分明，图像厚重立体，得苍茫深远之感。右上作者自题行草七律一首，诗书画合而为一，是龚贤传世作品中的经典之作。

龚贤（1618—1689年），又名岂贤，字半千，又字半亩，号野遗、柴丈人。江苏昆山人。工诗文，善行草，师法米芾，又不拘古法，自成一体。尤善画山水，师法董源、二米、吴镇、沈周，为"金陵八家"之首。

龚贤少年时曾随董其昌学画，早年在外漂泊流离，晚年隐居于南京清凉山下卖画、课徒直至终老。他最大的艺术特点是善于用墨，继承和发展了北宋的"积墨法"，形成他自己的独有特色，画史称"黑龚"。他另有一种面貌称为"白龚"。其画风对金陵诸家皆有影响，成就尤著。

哭之笑之皇人孙

《荷花鹭鸶（sī）图》轴

清代　朱耷
纸本水墨
纵135cm　横69cm

　　此图描绘山石上立鹭鸶一只，荷花数枝。水墨大写意绘荷叶，雄浑恣意，几笔草草即见荷叶繁茂之状。鹭鸶立于荷叶下，拳足缩颈，白眼向天，一副寄人篱下又傲兀不群之态。构图上大幅留白，主要景物都堆积在右侧，仅以两笔功力深厚的荷枝及右上题款就起到了画面平衡的作用，布局奇险而余韵无穷。整幅画形象洗练，造型夸张，表情奇特，墨色淋漓酣畅，是朱耷晚期花鸟画的经典之作。这幅作品所书"八大山人"款，似"哭之笑之"，别有意在其间。朱耷的绘画以形写情，着墨简淡，并且充分利用生宣纸特性，加强了艺术表现力。生宣纸吸水性强，墨汁扩散本来是缺点，朱耷却巧妙地利用这一特性，创造性地开辟了水墨写意画的新道路。

　　朱耷（1626—1705年），有雪个、八大山人等别号。朱耷是江西南昌人，明宁王朱权后裔，为清初"四僧"画家之一。

历代书画　203

肖像第一 格独具

《文潞公园图》轴

清代　禹之鼎
绢本设色
纵163cm　横53cm

　　这幅作品是青绿山水人物画。图绘文潞公府宅的亭园风景和朋友拜会文彦博的情景。门外车马络绎不绝，客人正纷至沓来，主人文彦博在屋前正接受一个人的跪拜。屋里几位友人在欣赏书画，屋外桥上有人对湖光山色流连忘返，远处青山连绵。

　　文潞公是北宋名臣文彦博。文彦博是汾州介休（今山西介休）人，北宋四朝元老，历仕50年。任职期间，秉公执法，世人尊称为贤相。

　　禹之鼎（1647—1716年），字尚吉，号慎斋，江苏江都（今江苏扬州）人。善画人物、山水，尤精写真。

以指为画出铁岭

《指画松林骑马图》轴

清代　高其佩
纸本设色
纵91cm　横52cm

  此图为设色指头画，描绘一人策马行山间，有空寂孤寞之感。人物形象简练传神，山石以指掌涂抹，坚硬峻嶒。林木以指尖指甲勾染，茂密翁郁。此画构图新颖，设色清雅，生动趣致。画心右侧作者自记其指画理论，实为少见。此图应为作者指画作品的代表佳作。

  "指画"是清代绘画求新求变的产物。其萌芽于清初，然至高其佩时始完善，故画史称："以指为画，始于高铁岭使君韦之。"高其佩隶汉军镶黄旗，以荫官至刑部侍郎。创指画，运指如笔，晚年甚至弃笔不用。其追随者众，遂成"指头画派"，经久不衰。

  高其佩（1672—1734年），字韦之，号且园，铁岭人。擅长人物、山水、花鸟。其指画墨法得力于吴镇，形象近于吴伟，以减笔写意画见长。

四时不谢百节青

《兰竹石图》轴

清代　郑燮（xiè）
纸本水墨
纵88cm　横46cm

此图以水墨绘石上兰竹，笔墨洒脱，竹枝兴发，兰草妙曼，堪称画竹的高峰。山石以侧峰勾勒，微微点苔，布局疏密相间，别致雅趣。郑燮以书法入画，三两笔一丛，画竹既真实又超越真实，形成独有的个人特征，在"扬州八怪"当中独树一帜，此画也是一幅难得的佳作。

郑燮（1693—1766年），字克柔，号板桥，江苏兴化人，清代书画家、文学家，"扬州画派"画家，"扬州八怪"之一。其工书法，用汉八分杂入楷行草，自称"六分半书"，并将书法用笔融于绘画之中，擅画兰、竹、石、松、菊等，而画兰竹50余年，成就最为突出。自称"四时不谢之兰，百节长青之竹，万古不败之石，千秋不变之人"。

郑燮出身于书香门第，康熙末年中秀才，雍正十年中举人，乾隆元年中进士，50岁起先后任山东范县、潍县知县计12年。后来被贬官，居于扬州，卖字画维生。

九花争艳呈天子

图中从左到右显示的是玉簪、洋菊、剪秋罗

《九秋图》卷（局部）

清代　钱维城
绢本设色
纵39cm　横182cm

　　《九秋图》卷画了九种秋天开的花，画面从右至左分别绘有秋棠、紫茉莉、秋葵、剪秋罗、洋菊、玉簪花、桂花、紫木槿、紫云花（江南俗称翠桃）。这些花卉轮廓、花瓣、枝叶等细节都清晰可见，具有极高的真实感。同时，钱维城十分善于捕捉花果的灵动之处，画作富有生气。此图题跋中记录，乾隆二十六年（1761年）钱维城曾陪同皇帝到避暑山庄打猎，他画了《七秋图》呈进乾隆皇帝。"今秋"皇帝又去打猎，但没有邀请他，他就又画了《九秋图》，乾隆皇帝为此图题了诗。此卷钤有乾隆、嘉庆、宣统皇帝的收藏印。此图是溥仪带出宫的1200件绘画之一，后流落民间，1954年为重庆中国三峡博物馆购得。

　　钱维城（1720—1772年），初名辛来，字宗磐，号纫庵、茶山。江苏武进人，是娄东派主要画家之一。他自幼从百家学习书画，10岁能诗，26岁时一举获得乾隆十年（1745年）状元，官至刑部侍郎，同时还是宫廷画家和画苑领袖，颇受乾隆帝赏识。

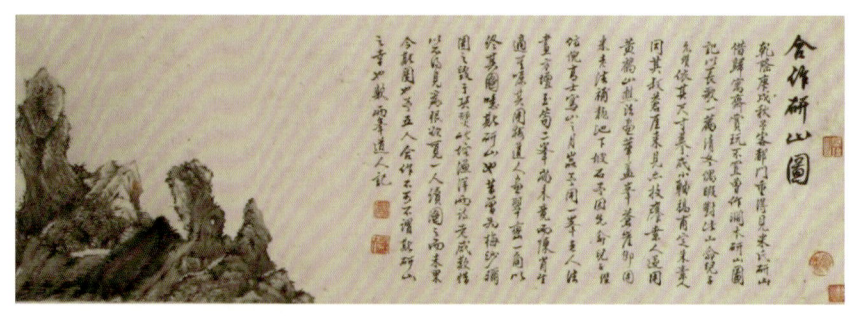

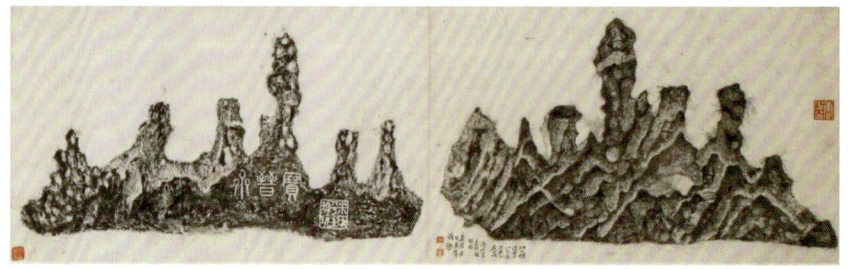

《合作研山图》卷（局部）

清代　罗聘等
纸本水墨
纵26cm　横431cm

　　此图为七件作品的合装卷，是由多人合作完成的，既有罗聘与其他四位画家合作的《合作研山图》，又有宋代米芾"研山"的拓本，还有清代学者对米芾"研山"流传经过的考证文字。因此，此卷既有艺术价值又有史料价值，与故宫博物院珍藏的米芾《研山铭》交相辉映。

　　2002年，启功先生鉴定国家文物局从日本购回的米芾《研山铭》时说："其实它还有一姊妹篇。"而这个"姊妹篇"正是此图。

　　罗聘（1733—1799年），字遯（dùn）夫，号两峰，出生于江苏扬州，祖籍安徽歙（shè）县，是"扬州画派"的画家。他年轻时随金农学画，常为金农代笔。善山水、人物、花卉等。画法受金农、石涛、华嵒（yán）影响。其创造大胆，下笔精准，为"扬州八怪"中最年幼者。

研山姊妹遥相望

雅俗共赏前海派

《仿㒰道人花卉图》扇面

清代　赵之谦
绢本设色
纵26.2cm　横26.9cm

此图于纨扇面中绘芍药两枝，一朱一白，色彩对比强烈，艳丽浓重又见层次，大俗大雅，笔墨坚实，富有装饰意味。

㒰道人为清代著名画家李鱓（shàn）的别号。

赵之谦（1829—1884年），初字益甫，号冷君，后改字㧑叔，号悲盦（ān）、无闷等，浙江会稽（今绍兴）人，清代著名书画家、篆刻家。工诗文，善书法绘画，尤以写意花卉为人称道。

清代晚期国力衰微，上海作为率先的通商口岸，成为新的绘画要地，各地画家云集于此，形成"海上画派"，代表画家有赵之谦、"四任"等，他与任伯年、吴昌硕并称"清末三大画家"。

赵之谦重视创格和从俗，不论是题材、布局还是色彩方面，都别开生面，达到雅俗共赏的艺术效果。创立了海派的基调，有"前海派"之称。

《四季山水图》屏（部分）

现代　齐白石
纵137.8cm　横62cm

　　此画屏共12幅，作于1932年，是其罕见的山水画作品。齐白石主要以花鸟画闻名于世，他的山水画在他全部的创作中占据重要的分量，是理解齐白石一生艺术历程、创作与思想不可或缺的部分，特别是在齐白石40岁后的一段时期，山水画成为他创作的中心内容，他"六出六归"的远游经历、创作心路都集中体现在山水画中。就其成就而言，齐白石更是中国20世纪现代山水画的开拓者，他开创了20世纪山水画真正描写生活、走进生活、具有真情实感的现实山水的先河。

　　这12幅画屏是齐白石山水画中的佳作，如此精心细作的大尺幅画作在齐白石传世山水中非常罕见。

　　齐白石将此得意之作赠送给王缵绪先生。1951年王缵绪将毕生所藏珍贵文物尽数捐献给当时的西南博物院。

　　齐白石（1864—1957年），名璜，字濒生，号白石、白石翁等，湖南湘潭人。早年曾为木工，后以卖画为生，中年后定居北京，是现代著名的国画大师。他擅画花鸟、虫鱼、山水、人物，喜大写意，自创一体。

花鸟山水寄平生

中西合璧誉奔马

《奔马图》轴

现代　徐悲鸿

此图是徐悲鸿于1945年在重庆创作。他自幼承袭家学，研习中国绘画，后留学欧洲学习、研究西方美术，擅长油画与水墨画，主张写实主义，强调国画改革融入西画技法，所作国画彩墨浑厚，尤以奔马享誉于世，是现代著名画家、美术教育家，被尊称为"中国现代美术教育的奠基者"。

徐悲鸿（1895—1953年），江苏宜兴人。徐悲鸿先生的一生，是为中国艺术事业做出巨大贡献的一生，他毕生以复兴中国画为己任，孜孜不倦、努力奋斗、刻苦钻研，成为一位融中西、贯古今、取得独特成就的大艺术家，他在艺术教育上的卓越贡献，对中国现代画坛的发展，具有巨大而深远的影响。

从1937年，徐悲鸿随国立中央大学迁重庆，继续在中央大学任教，到1946年，就任北平艺专校长，他在重庆一共度过了十个春秋。可以说，这十年是他艺术生涯中最重要的十年，他完成了人格和艺术的双重升华，对中国人物、动物、山水画的革新做出了巨大贡献。

泼墨泼彩创新风

《双猿图》

现代　张大千

纵161cm　横85cm

此幅双猿图创作于1945年，猿的形象生动，体态自然，毛发细腻传神，极具装饰美感。

张大千（1899—1983年），四川内江人。早年东渡日本留学，20世纪30年代任南京中央大学教授，抗日战争期间曾去敦煌临摹壁画，晚年栖身海外，获得巨大的国际声誉。他是中国近现代绘画艺术领域上一位杰出的艺术大师，工仕女、山水、花卉，尤其是其泼墨与泼彩开创了新的艺术风格。

张大千对北宋院画特别钟情，因为宋人对景物观察极为细致，于是，他特别注重写生，自己也养马、猿、猫等动物。

气韵流畅醉行草

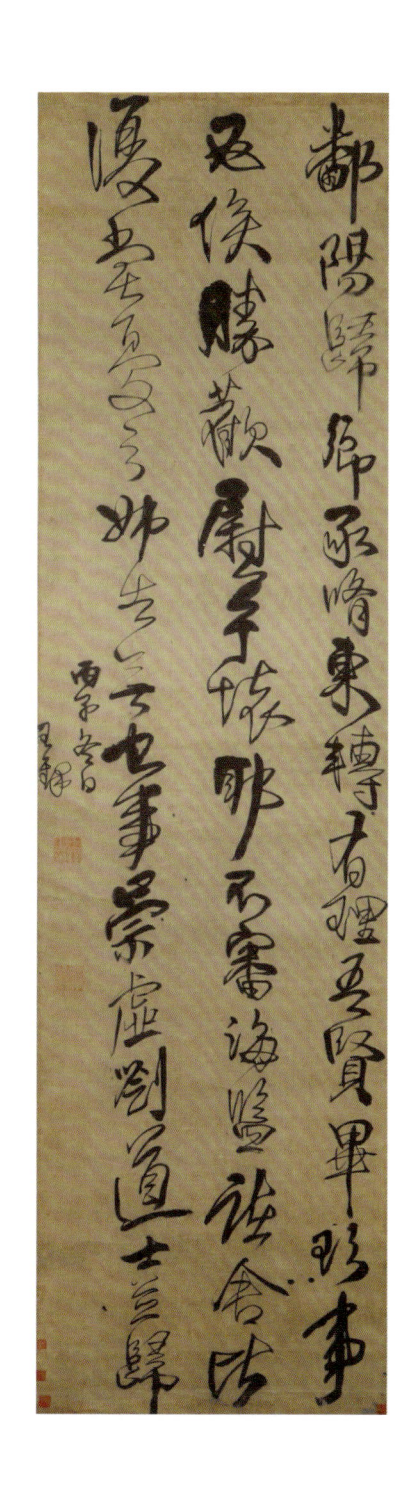

王铎《行书轴》

清代　王铎（duó）

纵202.5cm　横55cm

　　这件作品是临王献之的行草书而成。虽为临摹，但并不拘泥于原帖形貌，明显掺入了自己的笔意，笔势连绵，气韵流畅，虚实浑然。

　　王献之是王羲之的第七子，父子二人都是东晋著名的书法家，后世书友把他们简称为"二王"。

　　王铎（1592—1652年），字觉斯（之），号十樵，平阳府洪洞县（今山西省洪洞县）人，明末清初大臣、书画家。

　　王铎进士出身，历经明清两朝，官至礼部尚书。王铎的书法广受美誉。他自幼学书，对于临帖师古极为重视，广采博收，以"行草为最"。

历代书画　213

《行书册页卷》（局部）

清代　刘墉
纵16.5cm　横26～41cm

    书此册页时刘墉已70余岁，颇能体现其晚年书风。此时，刘墉褪去了空灵和飘逸，达到了古拙和恬淡的境界。全篇墨气浸润，貌丰骨劲，味厚神藏，与当时帖学书法的娟秀华美甚至妩媚纤丽之风迥然不同，颇有魏晋之风。其字看起来肥厚臃肿，实际好似棉里裹铁，非但不呆板，反而充满了趣味，通篇具雍容平和气象。

    刘墉（1720—1805年），字崇如，号石庵，祖籍安徽砀（dàng）山，出生于山东诸城，于乾隆、嘉庆两朝为官，为人正直，秉公清廉。

    刘墉不仅是清廉的政治家，也擅长书法。他才华横溢、涉猎颇广，学书从赵孟頫（fǔ）入手，中年后变通诸家自成一体。其用墨厚重，体丰骨劲，"以浓用拙，以燥取巧"，被世人戏称为"浓墨宰相"，为清代帖学书法开辟了新境界，是乾隆朝四大书法家之一。

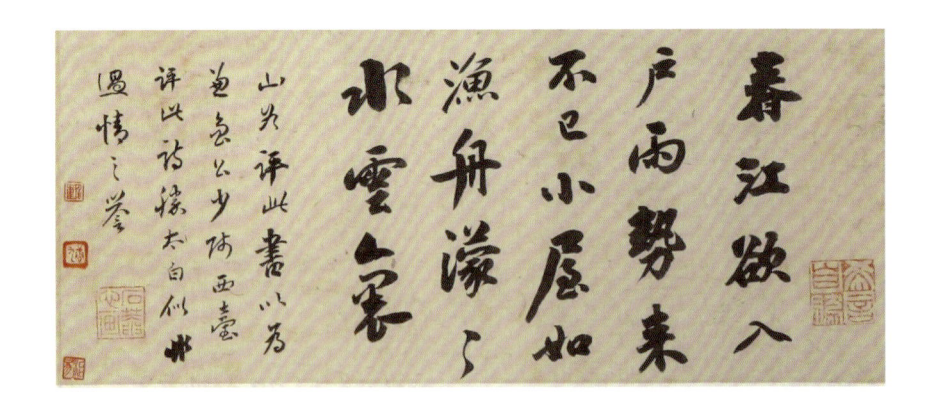

浓墨宰相留清名

虎门销烟政声著

林则徐《行书轴》

清代　林则徐
纵128.5cm　横49.1cm

　　这幅行笔书法，笔法严谨，运笔收放有度，结字从容洒脱，虽然有一些清朝馆阁体的特征，但还是体现了很高的书法水准。

　　林则徐（1785—1850年），字元抚，又字少穆、石麟，福建人，清中晚期政治家、文学家、思想家，民族英雄。

　　林则徐的书法尤擅楷、行，博采王羲之、王献之、欧阳询、颜真卿、米芾、苏轼等名家，书风清隽稳健、骨力雄劲。

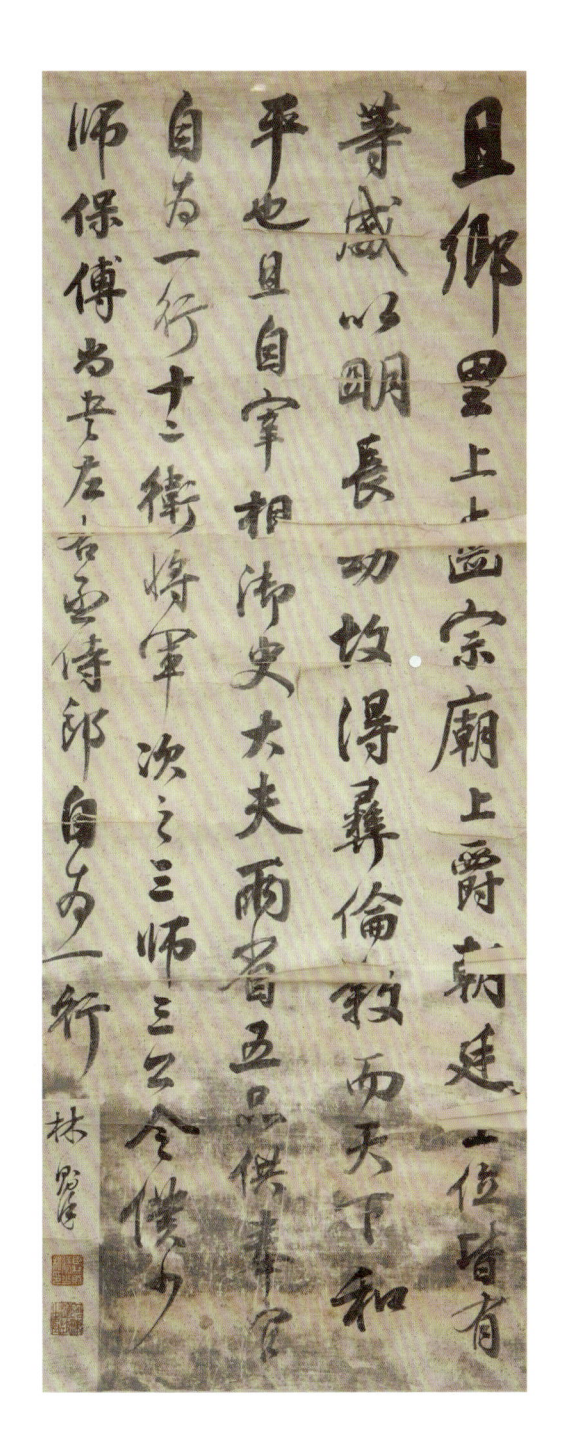

《七言行书联》

清代　曾国藩
纵158.5cm　横37.5cm

这幅作品，上联是"万卷古今消永日"，下联是"一窗昏晓送流年"，出自南宋诗人陆游的诗句，也是陆游书房的自题联。大意是说，诗书包涵古今，不知不觉就沉浸在其中，忘却了黄昏晨晓，暗送了岁月年华。这副对联用笔圆熟，有着曾国藩书法中庸端正的特点。

曾国藩（1811—1872年），原名子城，字伯涵，号涤生，湖南湘乡人。道光十八年（1838年），曾国藩中进士，入翰林院；后升迁内阁学士，兵部侍郎和礼部侍郎，官至两江总督、直隶总督，是中国晚清时期政治家、战略家、理学家、文学家，与李鸿章、左宗棠、张之洞并称"晚清中兴四大名臣"。

曾国藩的书法宗欧阳询、李邕、黄庭坚等诸家刚健之气，又参以褚遂良、董其昌婀娜之致，书风方严劲健，遒俊刚拔。他书法主张南北并兼，推崇历代法帖，楷书刚健劲挺，以柳公权书法为主，行书追黄庭坚、李邕，劲健华美，笔笔不逾古人规矩。

《七言联》

清代　翁同龢（hé）
纵138.7cm　横33.5cm

状元及第为皇师

这幅"小池已筑鱼千里，隙地仍栽芋百区"取自北宋黄庭坚的诗句，表达了黄庭坚想要效法陶渊明一样归隐山林，追寻内心的宁静平和。或许此时的翁同龢也有同感，便写下了这副对联。

翁同龢（1830—1904年），字声甫，一字均斋，号叔平，又号瓶生，晚年号松禅（chán）老人，江苏常熟人，是中国近代史上著名的政治家、书法家、收藏家。咸丰六年状元，同治、光绪帝师。

咸丰六年（1856年），翁同龢状元及第，此后历任咸丰、同治、光绪三朝的军机大臣兼总理各国事务大臣等，其中任户部尚书最久，达十余年，并两入军机处，参与内政外交的决策，在甲午战争中坚决主战。

翁同龢擅长诗文和书画，工书法，学颜真卿，对"二王"一派刻帖亦有涉猎。书法点画掺以碑意，苍劲老辣，端严凝重，被称为"乾嘉以后一人"，意思是乾隆和嘉庆之后，书法第一的人。

历代瓷器

  中国是瓷器的故乡，瓷器是中国对世界文明的伟大贡献。大约在商代中期（约前16世纪）就出现了原始瓷器，到战国（前475—前221年）晚期基本成熟的瓷器就已出现了。瓷器是中国文物宝藏中十分璀璨的一族。

  瓷器是以瓷土（高岭土、长石、石英）为原料，先粉碎、淘洗，拉坯成形，再干燥、上釉，然后入窑烘烧，烧制温度在1200℃以上，胎体致密坚硬，不吸水，撞击时有金属声，釉层透明，有光泽度，是一种实用与艺术和谐统一的瓷制品。

  我馆收藏了大量的历代瓷器，上自商周下迄民国，窑口较为齐全，

品种较为丰富，几乎贯穿了整个中国陶瓷史。我们从馆藏的历代瓷器中精选出以下瓷器，与你分享中国陶瓷历史的知识，分享美妙的瓷艺和无穷美感。

青青之色出江浙

青瓷六系大罐

东汉

高29.6cm 口径15cm

  六系罐即罐子有六个耳朵。该系罐的肩部除有六个耳朵外，还装饰了一条粗放的水波纹。整个罐子釉色温润晶莹，器形质朴、庄重美观。此器的胎质、釉色和制作水平已达到瓷器的标准，是一件难得的珍品。

  战国晚期至东汉时期，瓷器烧制技艺基本成熟。江浙一带是瓷器的主要产地，釉色品种仍以青瓷为主。

  青瓷是中国陶瓷烧制工艺的珍品，青瓷色调的形成，主要是胎釉中含有一定的氧化铁，在还原焰气氛中焙烧所致。但有些青瓷因含铁不纯，还原气氛不充足，色调便呈现黄色或黄褐色。原始青瓷早在商周时期就已出现，历经春秋战国时期的发展，到东汉有了重大突破。

青釉五联罐

西晋
高20cm 口径19cm 底径9.2cm
重庆巫山县淀粉厂出土

大罐小罐互不通

　　这件五联罐中间为一个拉坯成型的大圆罐，大罐的颈肩部贴塑与口齐平的四个壶形小罐，小罐之间塑有四个胡人俑。大罐与小罐之间互不贯通。此罐全身无纹饰，整体造型简洁，贴塑工艺高超；通体施青釉，釉色泛褐，外釉不到底，露出白色化妆土。

　　五联罐是一种陪葬明器，源于东汉，历经三国两晋南北朝的演变和发展，题材丰富多样，一般只有士大夫阶层才会使用。

胡人擎灯照夜明

越窑青釉胡人立柱灯盏

南朝

高15.6cm　口径11.1cm　底径16cm

捐赠

　　这件灯盏由油盏、灯柱、承盘三部分构成，通体施青釉。盏为唇口，口沿上点有四处褐色斑纹，弧腹，平底，立于人形灯柱头部的小盘上。

　　灯柱为胡人像，鼓眼、高鼻、有胡须，双手放置胸前，跪拜坐立于承盘中。承盘为敞口、弧腹、平底，口沿上有两道弦纹。人像背面有一孔，外底中间有一洞，两孔相通，散热、省油、实用。

　　陶瓷的灯盏是东汉时期出现的，逐渐取代了之前的青铜灯具。到了六朝时期，灯盏的造型已经基本定型为油盏、灯柱、承盘三部分。三国西晋时期的越窑青瓷灯盏，出现了承盘下安三个兽形或蹄形足的形式。南朝的灯盏大多无足，而灯柱变得很高。

南青北白瓷高峰

白釉瓷执壶

唐代

高11.5cm　口径4cm

河南洛阳文物园林局调拨

　　这件执壶釉色乳白，通体素净，短嘴腹肥，把扁而宽，造型规整，应是北方窑产品。

　　执壶最初的造型是由青铜器发展而来，汉代以前的酒壶没有流和把手。唐代时，执壶开始作为一个单独的器物门类出现，用来在宴会时秉持斟酒，故名执壶，也称为"注子"。

　　唐代是中国瓷器发展的高峰时期，在釉色上形成了"南青北白"的局面，并以此引领后世瓷器的基本风貌。"南青北白"指的是江南地区以烧制青瓷为主，北方地区以烧制白瓷为主。青瓷以浙江越窑为代表，白瓷以河北邢窑为代表。古人赞誉"邢客与越人，皆能造瓷器，圆似月魂堕，轻如云魂起"。邢窑的白瓷釉白而微黄，越窑青瓷青翠而莹润，陆羽《茶经》中形容邢窑白瓷类银类雪，称赞越窑青瓷似玉似冰。

历代瓷器

茶色粼粼冰纹裂

湘阴窑青釉瓷骆驼

唐代

高23cm

重庆万州区冉仁才墓出土（万州区博物馆调拨）

　　这件瓷骆驼曲颈回首，四腿健壮，驼蹄肥大，驼峰两侧载有驮囊，生动地再现了"沙漠之舟"稳健机警的形象。

　　湘阴窑是我国古代非常著名的民间瓷窑之一，也是唐代六大青瓷产地之一。其最早发现于湖南湘阴县，因唐、五代湘阴隶属岳州，湘阴窑又称岳州窑。

　　湘阴窑始烧于东汉，西晋至初唐是它的繁荣时期，胎多灰白，釉色以青绿为主，次是青黄、青褐，半透明、多开片，有流釉现象，玻璃质很强，釉面有不规则的细碎冰裂纹，以烧日用瓷为主。相传，当时用湘阴窑瓷碗盛茶，茶水之色令人沉醉。

224　重庆中国三峡博物馆

卧龙将息花草间

邛（qióng）窑青釉褐绿彩龙柄壶

唐代

高9cm　口径4.1cm　底径5.6cm

刘美亭捐赠

此壶撇口，束颈，丰肩，鼓腹，平底。肩一侧置短流，另一侧颈与腹之间置一变形龙柄。通体施白釉，白中泛黄，腹部绘釉下黄、褐、绿彩的随意数笔花草纹作装饰，其纹饰构思简洁，技法娴熟，笔法流利，生动自然。龙柄上用褐、绿、黄点釉下彩，造型丰满端庄，线条柔和圆润。

邛窑，中国最古老的民窑之一，是中国彩绘瓷的发源地。器物有各种盘、碗、罐等日用器皿，其中以丰富的小瓷俑最为生动形象，以创造了陶瓷省油灯而闻名全国。

邛窑分布在我国的四川省境内，以青釉、青釉褐斑、青釉褐绿斑和彩绘瓷为主，始烧于南北朝，衰于宋朝，是时间跨度约800年的中国古代陶瓷名窑，其价值堪比三星堆、金沙遗址。

历代瓷器　225

酒瓶花瓶怡心情

金大定款磁州窑白地黑花梅瓶

金代
高27cm　口径2.4cm　底径9.5cm

　　这件梅瓶以弦纹把器身分隔成四个区：口沿自右向左署黑彩五字款"大定二年造"，肩和腹部绘一周折枝卷草纹，下腹绘缠枝菊花纹。胎体厚重，质地紧密，白釉底，黑彩彩绘，色彩对比强烈，富有浓郁的民间生活气息。

　　梅瓶，是传统名瓷，它是一种小口、短颈、丰肩、瘦底、圈足的瓶式，以口小只能插梅枝而得名。

　　梅瓶最早出现于唐代，宋辽时期较为流行，宋时称为"经瓶"，作盛酒用器，造型挺秀、俏丽，明朝以后被称为梅瓶。梅瓶既是酒器，又是一件令人爱不释手的观赏品。

　　磁州窑是中国古代北方最大的民窑体系，窑址在今河北省邯郸市境内。其创烧于北宋中期，并于此时达到鼎盛，南宋及元明清时期仍有延续。磁州窑的特点是借用了传统的水墨画和书法艺术的技法，具有水墨画风的白底黑绘装饰艺术，开启了中国瓷器彩绘装饰的先河。

定州白瓷宫廷供

定窑白釉带盖执壶

宋代

高20cm 口径5cm 底径9.2cm

　　这件执壶小口，直长颈、丰肩、球形腹，下腹内收呈高圈足。肩上一侧置长流朝上向外翘起，另一侧对称处置束带形曲柄。盖为高沿圆形，宝珠形钮。器施白釉，白中泛黄，柄和肩各有一道弦纹，整体造型朴实大方。

　　定窑位于今河北省曲阳县，因古属定州而得名，创烧于唐代，终于元代，是我国古代著名的白瓷窑厂，一度为宫廷及官府烧造供瓷。

钧釉瓷钵（bō）

宋代
高7.5cm 口径18.9cm
重庆市自然博物馆移交

这件钧釉瓷钵通体施天蓝釉，口沿上则涂了一圈褐色釉，碗内壁饰有品字形紫红色彩斑，外壁一处呈现紫红色彩斑。釉色自然柔美、紫红色彩斑浑然天成，尽显钧瓷胎釉特质与高雅气质。

均窑始于唐，兴盛于北宋，至今不衰。因其地处河南均州，故名"均窑"，亦名"钧窑"，是宋代五大名窑之一。明朝时，为避明神宗名讳，均州改名为禹州，现在称为禹州市。

钧瓷因其釉料中含有铜、铁、钴、锰等呈色元素，瓷器的颜色并不是入窑前就已经确定的，这些金属元素经过高温后，发生了不同的呈色反应，从而使釉面出现了红、蓝、青、紫交相辉映的色彩效果，有"入窑一色，出窑万彩"之说。这种梦幻般的釉彩被称为"窑变釉"，极受市场追捧。钧瓷中的精品也成为贡品。

入窑一色出万彩

涂山菊花独特纹

涂山窑褐釉菊花纹瓷壶

宋代
重庆南岸区涂山窑遗址出土

涂山窑位于重庆南岸涂山文峰乡黄桷垭附近，始烧于北宋，南宋时极为兴盛，至元代渐趋衰亡，是当时西南地区较有代表性的民间瓷窑。窑址依坡地而建，窑炉为半倒焰式圆窑，因为形状近似馒头也称为馒头窑。圆窑始于战国时期，宋代以后以煤为炉料，为最早以煤为炉料的陶瓷窑。涂山窑的产品种类丰富，以民间日用品为主，釉层轻薄，釉色光润，以黑、褐、柿色居多。它的纹饰丰富，有兔毫纹、玳瑁（dài mào）斑、油滴纹、鹧鸪斑、菊花瓣纹等。这件瓷壶的花纹便是涂山窑的菊花瓣纹。

小知识：倒焰式

通常窑内的火焰从燃烧室进入烧成窑室后，会向上冲向拱顶，再顺着顶部的排烟口排出。倒焰式烧窑则将排烟口的入口位置移到尾部，上升到窑顶的火焰和热气被均匀地引向窑底各处，形成倒焰。火焰在窑内经过从下至上、从前向后的过程，流遍全窑，保证了窑内温度均衡。

历代瓷器

游鹅戏水六棱盘

耀州窑青釉六出鹅纹盘

宋代

高4.5cm　口径16.7cm　底径5.5cm

重庆荣昌窖藏出土

此盘敞口，浅弧腹，腹出六棱，下呈矮圈足。通体施青釉，釉色青中泛黄，有细开片，底无釉。碗心刻划在水中嬉戏的游鹅，内壁刻六朵波浪与游鹅组成一个整体画面。纹饰疏密适宜，线条流畅，深浅分明，画意生动。

耀州窑为宋代北方著名瓷窑之一，以烧制青瓷著称于世。窑厂以陕西铜川黄堡镇为代表，因铜川旧属耀州，故此得名。其在唐代初创，五代成熟，宋代鼎盛，金代继续，元明衰落。

玉壶先春冰心鉴

龙泉窑青釉玉壶春瓶

宋代

高26.5cm　口径13cm　底径7.8cm

重庆忠县窖藏出土

　　此瓶通体施青釉，釉色明亮润泽，釉层柔和；器身素面无纹，造型优美，制作规整，以变化的弧线构成柔和匀称的瓶体，是宋瓷中具有时代特点的典型器物，代表了当时青瓷的最高水平。

　　玉壶春瓶的造型是由唐代寺院里的净水瓶演变而来，创烧于北宋，因宋人诗句"玉壶先春"而得名，原为一种实用酒器，后因其线条优美，逐渐像梅瓶一样演变成陈设供人欣赏的摆件。

　　龙泉窑是中国历史上的一个名窑，因其主要产区在浙江龙泉而得名，开创于三国两晋，结束于清代，生产瓷器的历史长达1600多年，是中国制瓷历史上最久的一个瓷窑系。

婴戏牡丹笑开颜

湖田窑青白釉刻婴戏纹玉壶春瓶

南宋

高29cm 口径5.7cm 底径10cm

重庆原开州区温家镇出土

  此瓶内外施青白釉,胎质细洁,釉色青莹。颈饰四片蕉叶纹,腹上刻有主题纹饰婴戏缠枝牡丹。二童方脸腆腹,赤身嬉戏于牡丹花丛之中,天真、活泼、可爱的形象刻画得栩栩如生,具有浓厚的生活气息。

  牡丹在宋代被视为富贵之花,代表荣华富贵,茎蔓缠绕花叶连绵,使整体线条流畅,足见工匠刀法娴熟,可谓景德镇湖田窑青白瓷中的珍品。

  湖田窑位于今景德镇市湖田村,是中国宋、元两代各大制瓷规模最大、延续烧造时间最长、生产瓷器最精美的著名古代窑场。

仙山云雾绕帷幔

青白瓷带盖炉

北宋

高10.4cm　口径7.3cm　底径4.6cm

汪云松捐赠

此炉为圆锥状，圈底，三兽形足。通体施青白釉，胎质细腻，釉色青莹，有冰裂纹。盖与炉身为子母口衔接，盖中空，呈圆锥状，刻有山形纹，如同群峰连绵的山峦，山峰之间有无规则的22个镂孔，作为烟雾的飘香出口，盖口沿有一周回纹。

博山炉是汉代最具代表性的薰香工具，其造型象征汉代神仙家理想中的仙山，炉内焚香时轻烟缭绕，使人仿佛进入神话传说中的仙境。

最是迷人中国白

德化窑何朝宗款白釉观音坐像

明代

高19.1cm　底径12.8cm

重庆市文化局移交

　　这尊观音像是馆藏的十大镇馆之宝之一。观音低首垂目，庄严凝重，神情慈祥，似在俯瞰尘世众生；头发往后梳，在脑后分为两半，挽结垂于肩前；身披长巾，下着长裙，胸前璎珞佩亦作如意形；作半结跏趺坐态，左手执如意，肘放在兽形扶手上，右手扶膝，一足半露，一足掩盖；衣纹自然，衣带线条流畅。观音像内外施象牙白釉，中空；整体造型仪态稳重大方，比例匀称，人物刻画细腻，有一种完美的玉质感，制作精美。

　　其背后戳印阴文葫芦形"何朝宗"篆体印章款。何朝宗是明代中后期福建德化窑瓷塑名家。

　　德化窑位于福建省中部的德化县，起源于晚唐五代时期，宋元时期德化窑开始烧制青白瓷和白瓷。德化窑的白瓷，胎质细腻，如脂似玉，被欧洲人称为"中国白"，是中国白瓷的代表。特别是道释人物瓷雕，具有独特的艺术魅力，被世界各大博物馆和私人收藏家争相收藏。

斗彩山石花鸟纹瓷笔筒

清代
高14.5cm　口径17cm　底径17.1cm
重庆购买

　　这件笔筒内施白釉，外壁白釉衬底，斗彩装饰。青花勾绘花鸟轮廓，彩色填充图案；红、绿色绘蝴蝶，蓝、红色绘鸟纹，绿色绘石山、草、虫，红、黄色绘菊花，红、黄、紫色绘月季秋葵，画面生动。

　　斗彩创烧于明宣德时期，成化时斗彩最为名贵，清康熙斗彩以洋红。代替矾红，显得明快艳丽。雍正时将粉彩和青花相结合，使斗彩更加清雅秀丽。

五色齐聚斗彩春

历代瓷器　235

如意晴空如意云

天蓝釉雕花梅瓶

清代

高31cm　口径6cm　底径13.7cm

西南军政委员会文教部移交

　　此瓶通体施天蓝釉，刻划装饰。颈上有一周回字纹，颈肩处刻一圈菊瓣纹，肩部如意云头纹。器身布满缠枝牡丹纹。近底处绘一周花草纹。外底青花署篆书"大清雍正年制"六字三行款。

仿官釉五管瓷瓶

清代

高25.4cm　口径7.2cm　底径18cm

故宫博物院调拨

　　此瓶通体施青釉，器身布满小开片。平面设五管，中为大管，四方各一小管，管中空与瓶相通。瓶身饰九道凸弦纹。釉色莹润，色泽柔和。

　　雍正皇帝具有极高的审美情趣，因此雍正瓷器造型轻巧俊逸、秀丽典雅，除大量的创新款之外，还有诸多的仿古款式，其中以仿宋代五大名窑器最为突出，唐英《陶成纪事》说"仿铁骨大观（官）釉"即是指此。

　　五管瓶发源于东汉，在宋代达到鼎盛，因瓶肩部各面分布着多圆形管而得名，是中国古代独具特色的瓷器品种之一。宋以前的五管瓶多见于墓葬，最初作为"谷仓"，代表五谷丰登，是用来装粮食的随葬明器。宋元以后，五管瓶变得小巧而精致，有了更多的实用性或陈设性，可以作为烛台或用于插花。

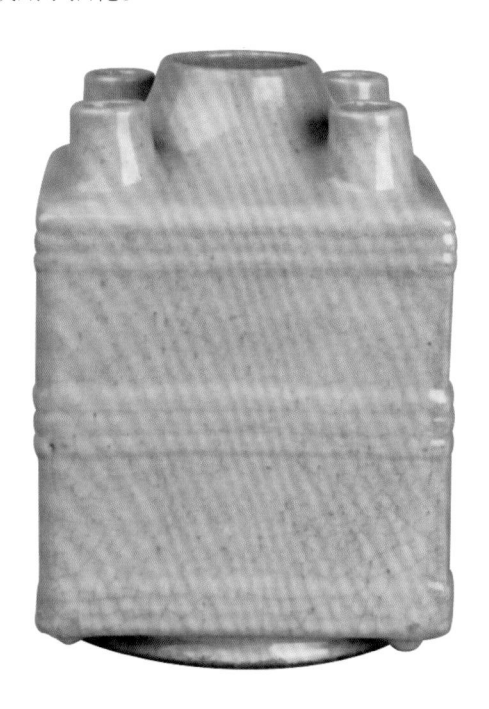

绿彩云龙纹瓷盖罐

清代
高21cm　口径6.7cm　底径8.6cm
故宫博物院调拨

　　此罐通体白釉衬底，青花勾勒图案轮廓，用绿彩装饰。上为圆盖，盖面绘一五爪龙，周围衬以火焰纹、如意纹、八宝纹、莲瓣纹、葡萄纹等，可谓繁复至极。

　　乾隆时期政治稳定，经济富足，因此乾隆瓷器纹饰富丽，精巧华缛，极尽繁复。除常见器型外，还出现了大量造型奇巧的新器型，如玩赏品、文具等。此时瓶一类琢器盛行转心、转颈等。

　　五爪龙是中国皇帝的标志，中国皇帝自称为"真龙天子"，只有皇帝的随身物品和衣服上能够绘制"五爪金龙"的形象，而其他皇室人员以及地方需要用到龙形的时候，只能使用"四爪龙"以示区分。"四爪龙"称为蟒，意思是"只有皇帝才是真龙"。

五爪金龙伴天子

滕王佳绩诗家序

青花滕王阁山水大瓷瓶

清代
高144.8cm　口径45cm　底径31.5cm
重庆市公安局移交

　　"滕王阁"大瓷瓶烧造于清代晚期，器身用青釉描绘了"滕王阁"及其周围景色——景德镇的山水、市容、门庭楼阁以及商船来来往往穿梭不停的繁荣景象。

　　画面上的章江门是明代南昌七大城门之一。流经江西的章江和贡江交汇形成赣江，江西的简称"赣"便由此得来。

　　楼阁上署"滕王阁"，建于唐高宗永徽四年（653年），唐高宗李世民之弟滕王李元婴都督洪州时所建，故名，后因王勃作《滕王阁序》而名千古。

历代瓷器　239

景仁怀德

——李初梨、刘钧捐赠文物展

  重庆中国三峡博物馆近六分之一的藏品来自社会各界人士的无偿捐赠。以下展示的部分文物均为李初梨、刘钧夫妇捐赠。这些精美的文物凝结了李初梨、刘钧夫妇三十余年的心血，彰显了二老无私奉献、化私为公的高尚情怀。

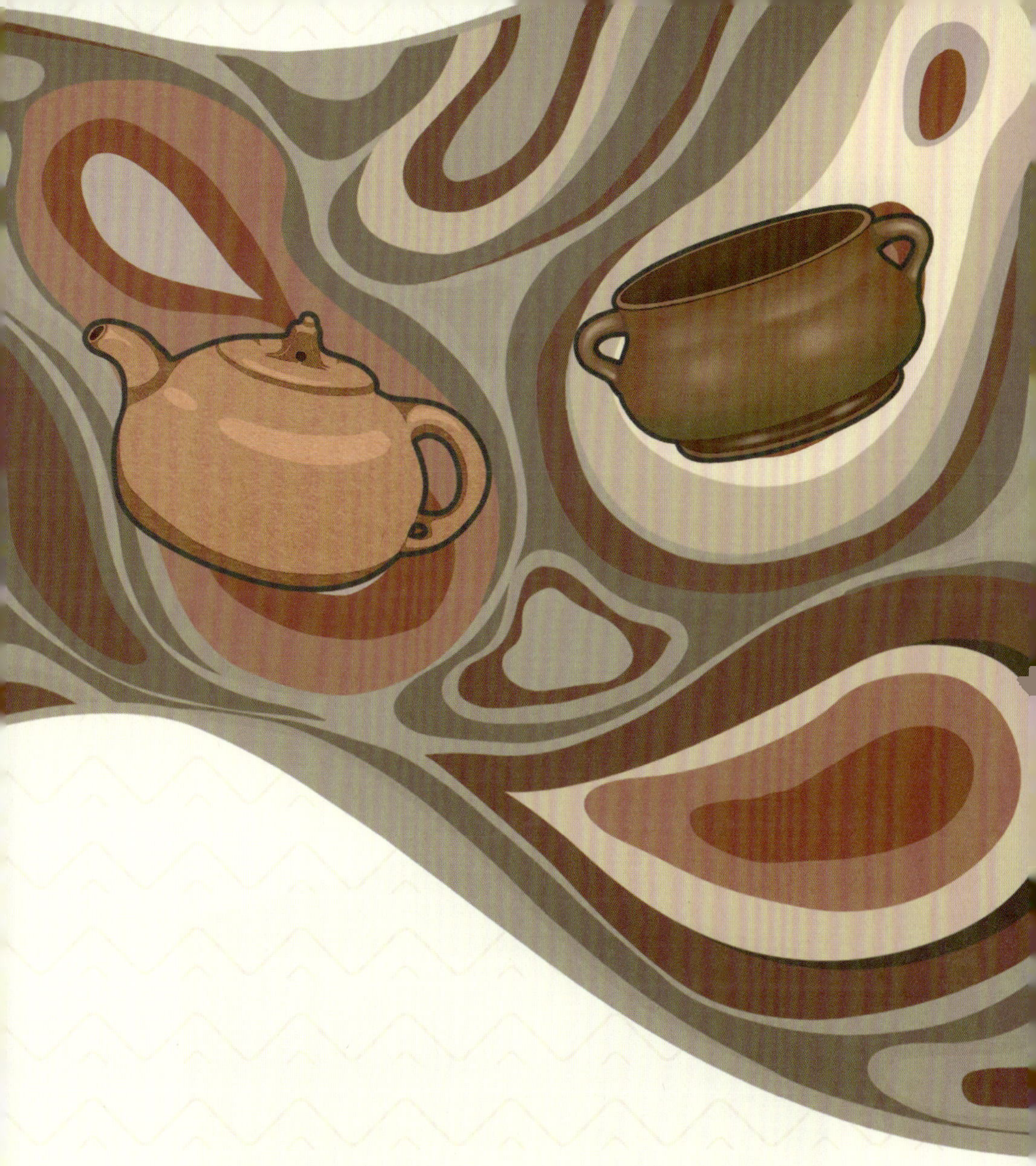

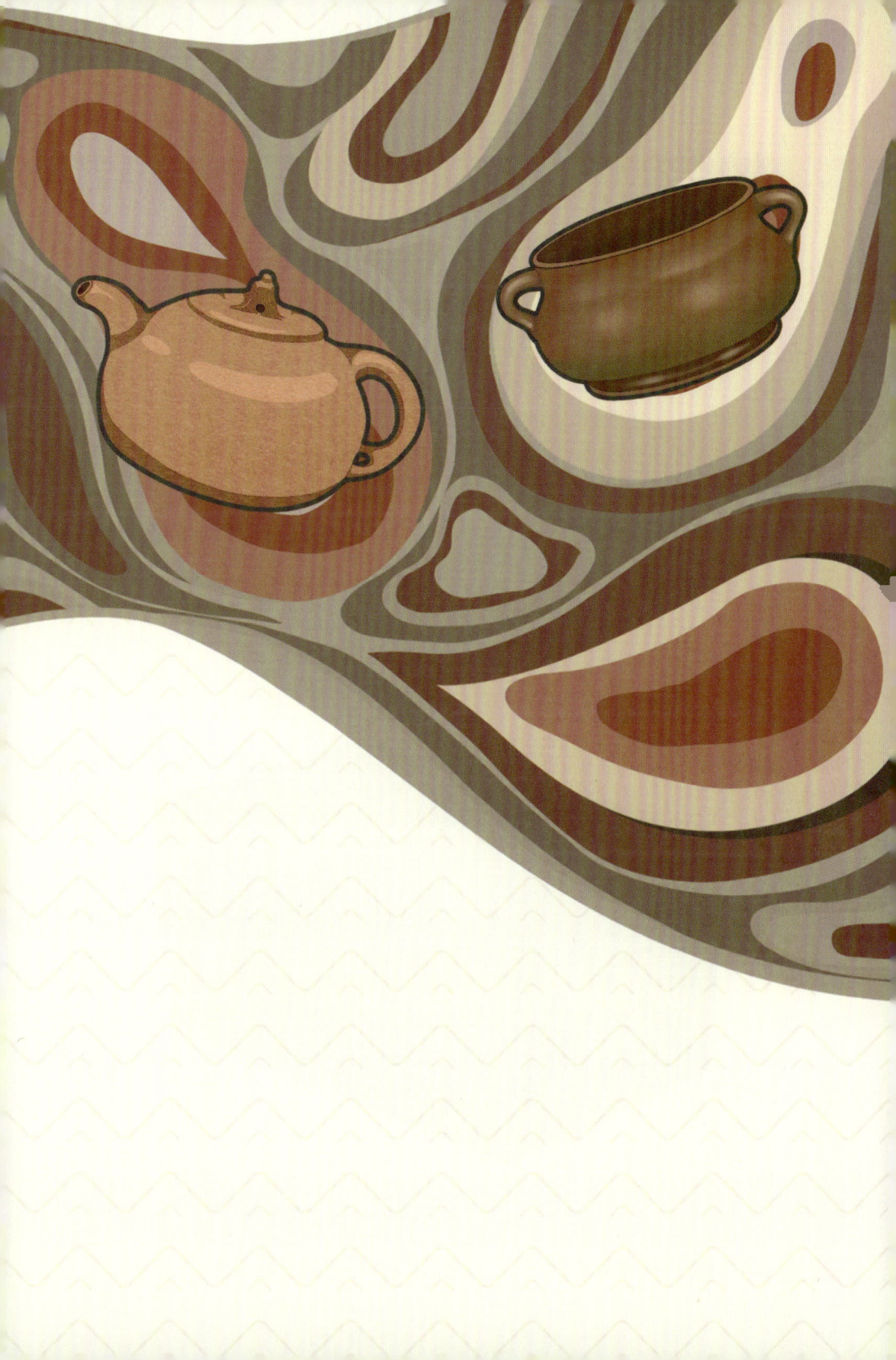

君直款青石端砚

南宋
长15.3cm　宽9.1cm　高7.3cm

　　此砚侧面有铭文："砚虽非铁难磨穿，心虽非石如其坚，守之弗失道自全。咸淳九年（1273年）十月十三日，君直款。"这三句话原本是文天祥的名句，表示自己永不叛宋的决心。文天祥跟谢枋得是同科进士，也是要好的朋友。相传，谢枋（fāng）得偶然得到了岳飞的砚台，甚是喜爱。当得知了文天祥起兵抗元消息，谢枋得忍痛割爱，将代表忠烈和正气的岳飞砚赠予文天祥。

　　谢枋得，字君直，南宋末年爱国诗人。入元后不愿出仕，带领义军在江东抗元。失败后，谢枋得改名换姓隐居民间。他蔑视权贵，疾恶如仇，面对元朝政府高官厚禄诱惑，不为所动，被拘捕押往大都（北京），后绝食而死。

砚虽非铁难磨穿

夏卿一竹十锭金

《清风高节图》轴

明代　夏昶（chǎng）

绢本水墨

纵158cm　横81cm

　　此图为水墨大中堂，写山石墨竹。近竹用浓墨以楷书笔法描绘出鲜活之态，远竹和竹竿用淡墨轻染，制造层次分明之感。山石以斧劈皴（cūn）淡墨少勾，浓墨点苔。叶分向背，墨化五色。图中墨竹因风飘举、摇曳多姿。竹叶向右倾斜，立于画前，仿若微风自左而右拂过，竹叶轻扬而不乱，此谓"清风"；竹竿细劲，虽被风吹得微微向右弯曲而不折，拔节向上，瘦骨而劲节，是谓"高节"。

　　作者自题"清风高节"。款识："东吴夏昶仲昭笔"，钤"东吴夏昶仲昭书画印"及"夏卿图书"二印。

供春款树瘿(yǐng)壶

明代
高12.8cm 口径4.7cm～6.2cm

  供春款树瘿壶，因外形似银杏树瘿而得名。这件树瘿壶胎泥呈土黄色，壶身为不规则扁球形，表面塑造凹凸纹似树瘿，弯曲短流，把似树根，把根树杈形，与下股相接。配陶、木质瓜蒂形盖各一。树瘿壶取材植物形态，造型奇特、气运古朴、苍劲凝重，大有返璞归真的意境。壶身近把一侧刻有"供春"款，线条隐于粗朴的壶面中。陶盖内钤阳文篆书"汉臣"方印。

  相传，"供春"是明代嘉靖年间一位官员的书童，一次，他随主人到宜兴金山寺读书，遇到老和尚在用紫砂泥制壶，一时好奇，利用老僧洗手沉淀在盆内的紫砂泥，仿造庙内大银杏树瘤做出这样一把壶，深受世人喜爱。供春壶至此声名鹊起。"供春"被称为紫砂制作的鼻祖，他为紫砂文化开创了新局面，树瘿壶是他的主要作品类别。

银杏树瘤成供春

黄铜铸器开先河

宣德铜炉

明代
高8.5cm 口径13.7cm 底径12.2cm

  此件宣德铜炉铸造用料讲究，其铸造精良、工艺考究、造型古朴典雅，集实用性与艺术性于一身；沁色自然得体，是难得一见的珍品。

  宣德炉是明代宣德三年（1428年）创制的，是中国历史上第一次运用黄铜铸成的铜器，在很长一段历史中，宣德炉成为铜香炉的通称。为制作精品的铜炉，明朝宣德皇帝曾亲自督促，这在历史上实属少见。

  宣德炉造型大多追慕宋代五大名窑瓷器或商周青铜礼器，因此，器形端庄秀丽，古朴典雅，加之精选材料多次提炼，广受珍爱，是明代最有名的铜炉。

  宣德炉普遍铜质细腻，如肌肤般柔滑，色泽自然柔和，呈暗紫色或黑褐色。其最妙在色，其色蕴藏于内，斑驳中焕发奇妙的光泽，是我国古代工匠智慧和艺术的结晶。

壶家妙手父子承

葵花紫砂壶

明代
高8cm　口径3.4cm

　　这件紫砂壶，纽、盖、身、底呈一朵盛开的葵花形，而四棱扁形流则为葵花枝干造型。壶式灵秀，俊逸生动。壶底阳刻楷书"浮玉居"，署"大彬"。

　　时大彬（1573—1648年），号少山，又称大彬、时彬，明万历至清顺治年间人，是著名的紫砂"四大家"之一时朋的儿子。他在泥料中掺入砂，开创了调砂法制壶。明清紫砂典籍中对其评价极高。明万历时期，紫砂器已形成独立生产体系，名匠辈出。他与弟子李仲芳、徐友泉被誉为"壶家妙手称三大"。

宁拙毋巧民族节

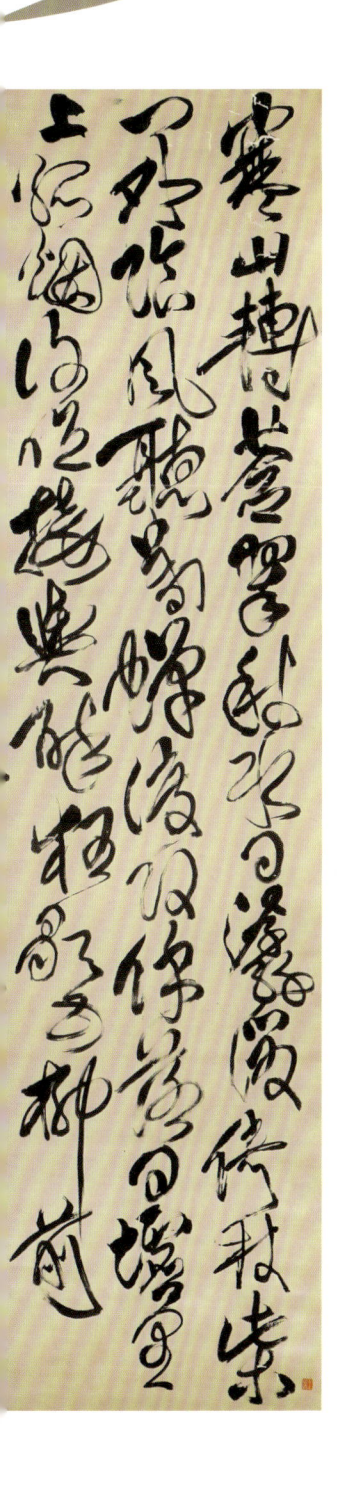

《草书王维诗》轴

清代　傅山
绢本水墨
纵186.8cm　横52.3cm

　　这件作品是唐代诗人王维的《辋（wǎng）川闲居赠裴秀才迪》："寒山转苍翠，秋水日潺湲（yuán）。倚杖柴门外，临风听暮蝉。渡头余落日，墟里上孤烟。复值接舆醉，狂歌五柳前。"诗人以不为五斗米折腰的陶渊明自况，与傅山隐居不仕、洁身自好的心境相契相合。傅山追求宁拙毋巧、宁丑勿媚的艺术趣味。本幅作品用笔圆润刚健，古拙而不失流畅，苍劲有力，又婀娜多姿，为傅山的代表性佳作。

　　作品款识："清老词宗，傅山。"钤印："傅山之印"（白文）。

　　傅山（1607—1684年），初名鼎臣，字青竹，改字青主，又有浊翁、观化等别名，汉族，山西太原人。明末清初道家思想家、书法家、医学家。

　　傅山博学多才，无所不通，经史之外，兼通先秦诸子，又长于书画医学。被梁启超誉为"清初六大师之一"。在明亡后出家为道士，拒不出仕清廷。

康熙釉里红龙纹大缸

清代
高24.5cm　口径27.2cm

　　康熙朝是清代瓷器中造型最为丰富的一个时期，形式多样，仿古创新，品类既有陈设瓷，也有大量日常生活用瓷。

　　这件大缸就是日用器皿，器物造型古朴端庄，胎体坚硬，釉色莹润，绘画精美。其外壁的白釉地上以釉里红装饰手法绘制出海水江崖二龙戏珠图案，双龙从海水中腾空而起、身躯矫健、利爪苍劲、龙口大张、目光如炬，显得威武霸气。值得一提的是，制瓷工匠在关键部位恰到好处地用青花给双龙点睛，使本已威猛的双龙更加神勇。这件釉里红龙纹大缸充分体现了清代康乾盛世大气磅礴的雄浑气势。

双龙飞腾雄浑气

富贵华彩官窑出

乾隆珐琅彩缠枝莲托八宝纹瓷觚（gū）

清代

高27.8cm　口径15.6cm　底径12.3cm

这件珐琅彩缠枝莲托八宝纹瓷觚造型挺拔，瓷质细润，设计巧妙，采用了转颈工艺，颈部可以自由拆卸、组装。绘画繁复精致。通体绘云纹、八宝纹、回纹等九层花纹。正面为"大清乾隆年制"款，字体周正，款识清晰，是标准的乾隆官窑器。

珐琅彩创烧于清康熙时期，它的前身铜胎画珐琅就是人们所熟知的"景泰蓝"，由于造价昂贵，珐琅彩一般只在皇宫中烧造和使用。在历代瓷器中，珐琅彩被誉为"官窑中的官窑"。

觚在商周时期为酒器、祭器，明清时期演变为宫廷或民间的陈设器。

古琴

　　古琴，亦称"琴"，是中国最古老的弹拨乐器之一，距今已有3000多年的历史，代表了古典音乐文化的最高成就。2003年，古琴被联合国教科文组织列入"人类口头与非物质文化遗产"名录，其艺术价值得到了世界公认。

　　古琴蕴涵深厚的中国古典文化和文人精神，是文人雅士修身养性、寄情山水的乐器，位居中国古代四艺（琴、棋、书、画）之首，亦被文人视为高雅的代表。东汉桓谭《新论·琴道》记载："八音之中，惟弦为最，而琴为首。"魏晋嵇康《琴赋》云："众器之中，琴德最优。"琴乐是古

典音乐艺术的至高表现,以其优雅的音色涤凡俗之心,养浩然之气;琴身是工艺美术的精致体现,集斫(zhuó)琴、漆灰、书法篆刻艺术于一体;琴道是文人修身的方式,将人的感性和理性通过音乐的诠释升华至"悟"与"道"的哲学高度。

馆藏古琴年代跨越唐、宋、元、明、清、现代,比较全面地反映了古琴的演变轨迹。藏品大多形制典雅,音色优美,堪称琴界的稀世珍宝。出于文物保护等方面的原因,古琴在馆内及各地会不定期展出。

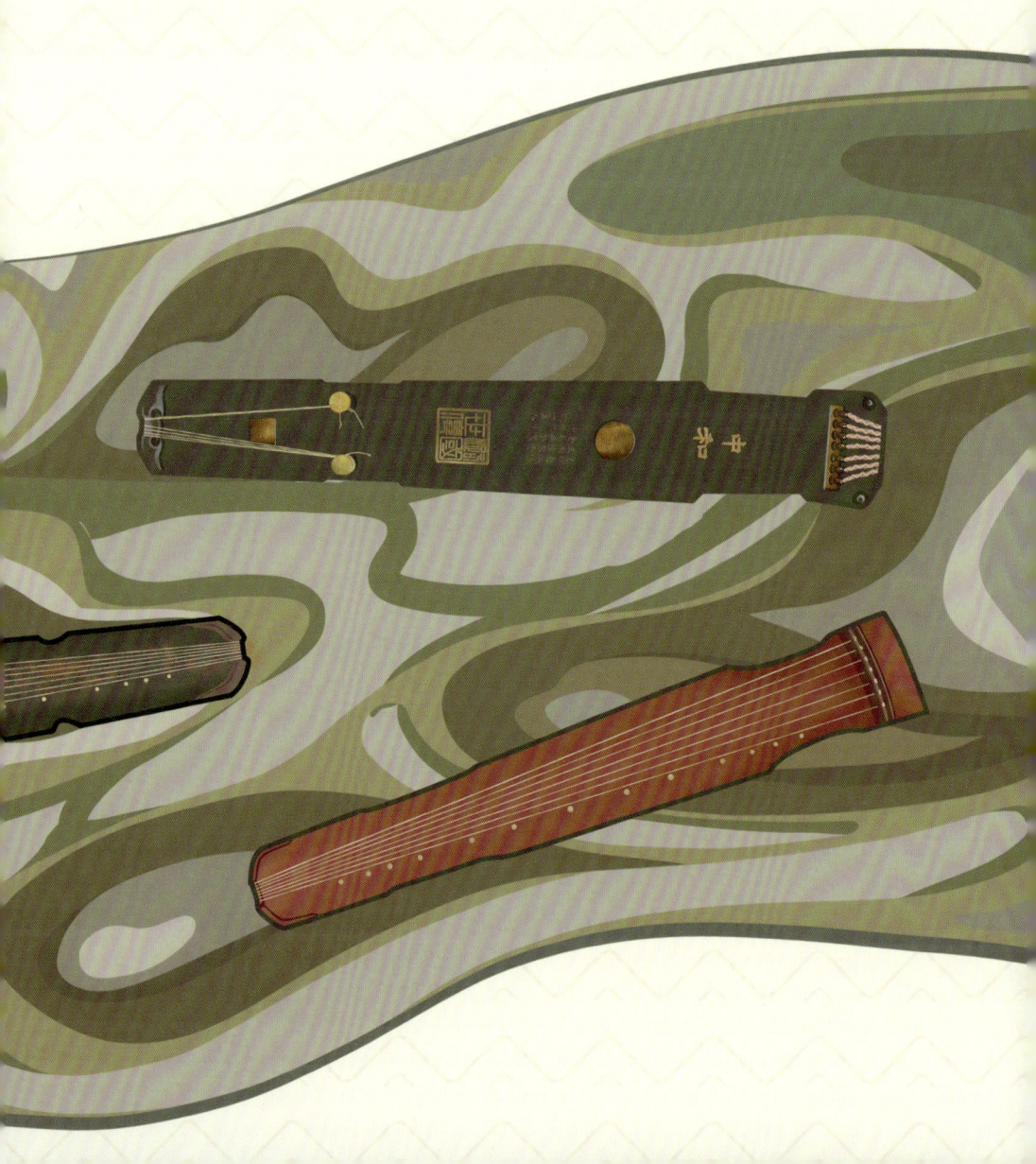

临摹：东晋，顾恺之《斫琴图》卷（宋摹本），现藏故宫博物院

古琴及其源流

　　古琴，原本称琴，因有七根弦，又名七弦琴。20世纪初，为与其他琴类乐器区分，七弦琴改称古琴。相传神农"削桐为琴，绳丝为弦"发明了琴。不过，琴最初只有五弦，分别对应五行的土、金、水、木、火，以及五种声音——"宫、商、角、徵（zhǐ）、羽"。后来，周文王被商纣王囚禁，思念儿子，就在古琴上加了一弦，称为少宫；等到武王伐纣时，又加了一弦，称为少商，琴才变成七弦。

　　考古发现的古琴，以湖北曾侯乙墓出土的十弦琴为最古，属战国早期，距今已有2500多年。湖北荆门郭店战国中期墓葬中的古琴是目前发现的最早的七弦琴。湖南长沙马王堆汉墓中也出土了一张西汉早期的七弦琴，其结构形制与前两琴大体一致。此后，考古再无发现古琴实物，但古琴形象资料却不少。东汉画像砖石上多有弹琴图，陶塑弹琴俑也常有发现。最珍贵的是东晋顾恺之的《斫（zhuó）琴图》（今存宋人摹本），将古代制琴的主要工艺过程都描绘下来。总之，自先秦至两汉，古琴地位很高，甚至被认为是乐器之首。

　　最早的传世古琴是唐琴，其形体浑厚庄重，非常稀见，仅存不到20张。

宋代是中国古琴艺术发展的重要时期，不仅琴家多有大师，斫琴者也是名家辈出。受宗教影响，宋代出现许多僧道琴人，一些人甚至成为宫廷供奉，为皇帝所赏识。古琴也因此将儒家、道家与佛家的思想完美结合在一起，成为最能体现中国古典文化的乐器和高雅的文人之琴。

元代汉族士人受统治者轻视，许多人功名无望，便将注意力转向精神追求，因此元代时间虽短，而琴学在宋代的基础上却有相当大的发展。

明代是古琴发展的又一个高峰时期。明代自皇帝到王公贵族多喜爱琴艺，在他们的带动下，普通文人也好琴成风，琴文化走向鼎盛，涌现了一批斫琴名家，加上宗室王府大量造琴，遗留至今的明琴在数量上仍直追清琴。

清代是古琴发展集大成的时代。清代文字狱严酷，许多文人只好寄情于琴棋书画，流连于山水之间。因此清代琴家辈出，琴学著作丰富，并形成百花齐放、百家争鸣的多种琴学流派。清琴在样式上继承了明琴的特点，较少创新，但在细节上较重装饰，是清代繁缛艺术风格在古琴制作上的体现。

临摹：宋代，赵佶《听琴图》轴，现藏故宫博物院

古代典籍中的古琴与琴师

  古代典籍中有关琴的文献最早要数《尚书》和《诗经》，尤其是《诗经》中咏颂琴的文字有八九处，如"窈窕淑女，琴瑟友之"，为求爱之音；"妻子好合，如鼓瑟琴"，称夫妻之道；"琴瑟在御，莫不静好"，比和美之喻；"我有嘉宾，鼓瑟鼓琴"，歌宴宾之乐；"琴瑟击鼓，以御田祖"，行祭祀之礼。从中可见西周、春秋时代，从普通百姓的嫁娶宴

乐，到天子贵族的朝堂宗庙，琴是一种很普及的乐器。

琴在当时一般都与另一种弦乐琴"瑟"相配，再与钟鼓笙磬（qìng）等其他乐器组成合奏乐队，如《诗经·鼓钟》"鼓钟钦钦，鼓瑟鼓琴，笙磬同音"，以及"戛击鸣球，搏拊（fǔ）琴瑟"等。礼乐还有规范自身的作用，《礼记·曲礼》有"士无故不彻琴瑟"之说。

自汉末以来，古琴逐渐受到文人雅士的重视而转变为一种高雅的艺术，许多人都以能弹一手好琴而受人称颂，甚至因琴而名传千古，如制焦尾琴的蔡邕，创《胡笳十八拍》的蔡文姬，以琴退敌的诸葛亮，临死还要弹一曲《广陵散》的嵇康，抚无弦琴的陶渊明，等等。

现代琴家查阜西先生曾说："那时古琴音乐是一些'落第士子''淡季工匠''冬闲农民'，在掌握古琴艺术后，按他们的水平高低，蜕变为琴师、琴清客或琴待诏，这样他们成为封建社会中的职业弹琴家。"也正是在这样广泛的群众基础之上，古琴艺术才能在数千年中延绵不绝，并不断涌现许多大师级人物。

临摹：宋代，赵佶《听琴图》轴，现藏故宫博物院

古琴形制

中国古代将乐器按质材分为八类，称为"八音"，即金、石、丝、竹、匏、土、革、木。丝，是指琴瑟。

按现在的分类，古琴则属于弦乐中的拨弦乐器，以手指弹拨琴弦发音。一般古琴的琴身通长约120厘米，宽约20厘米，厚约6厘米。通常由上下两块整木合成共鸣箱，多以桐木为面，梓木为底，称为"阴阳琴"；如果面底皆桐，则称为"纯阳琴"。此外也有用其他木材的，但不多见。

古琴上面张有七根弦。琴面有13个琴徽，用螺钿或金、银、玉等做成，以标志音位；琴底有两个音孔，靠琴首的叫龙池，另一个叫凤沼。池沼内有略为上拱的"纳音"，作用是加强琴音在琴腹内回旋共振。琴底常刻以文字，有表示琴名、藏家以及寄情记事等内容的铭文，给古琴增添了浓厚的文化意味。

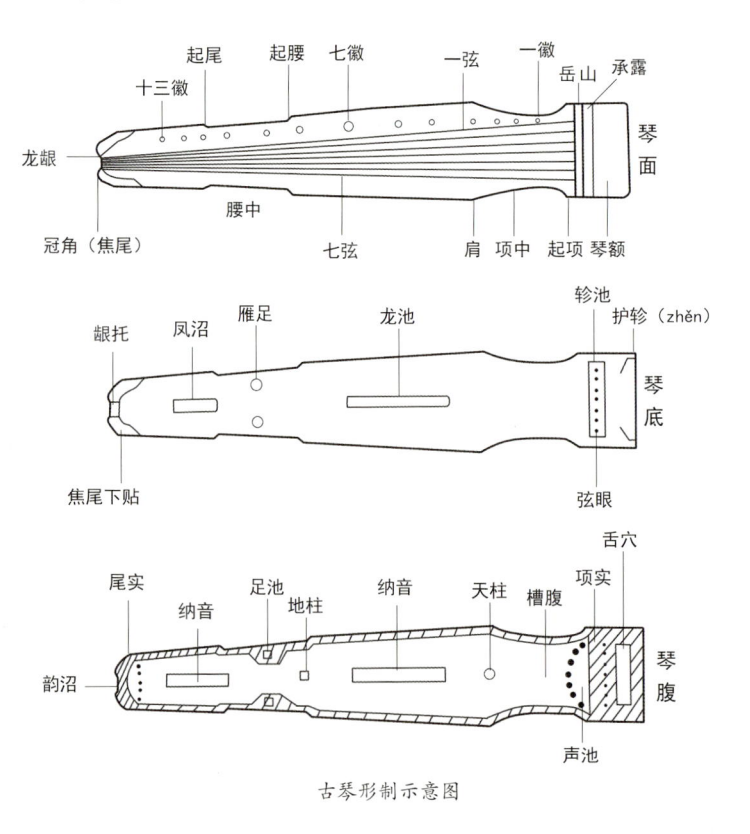

古琴形制示意图

自汉晋以来，古琴的形制在总体上保持着统一固定的造型，但也有一些变化，主要表现为琴身边线样式的不同，而古人又给这些不同的样式分别取了很文雅的名称，如伏羲式、神农式、仲尼式、连珠式、子期式、落霞式等，历代记载的琴式有数十种之多，但有的差别甚微，大多也只是首、项、腰、尾边线的曲折变化而已。

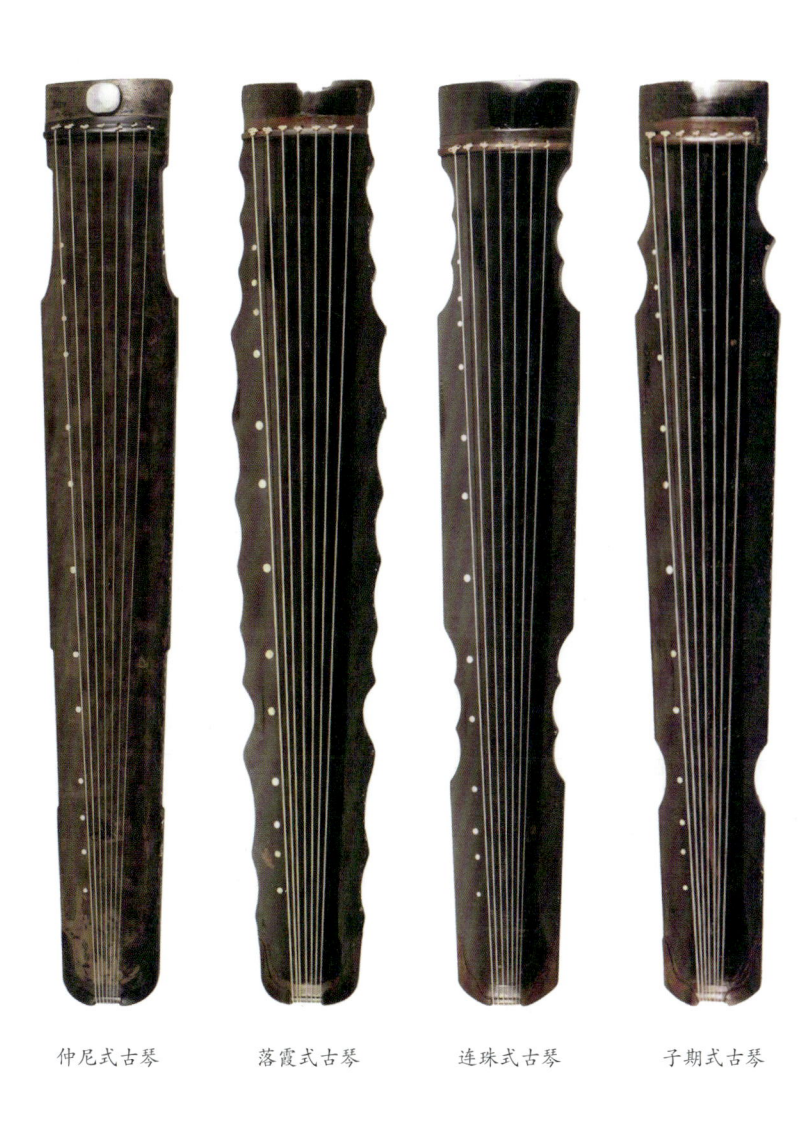

仲尼式古琴　　落霞式古琴　　连珠式古琴　　子期式古琴

古琴琴谱

唐代对琴艺发展的一大贡献是改革了琴曲的记谱方法。在晚唐以前,琴谱记录都是直接用文字说明,称为文字谱。目前所保存的最古老的琴谱《碣石调·幽兰》就是文字谱。

因为弹琴要记载左右手的指法、弦数、徽位等,所以用这种方法记谱很烦琐,使用起来很不方便。唐末有一位琴家叫曹柔,他发明了一种"减字谱",这种记谱法比文字谱更为简明扼要,很快就流传开来,成为琴曲的唯一记谱法,经过不断改进后一直使用到现代。但是,这种记谱法只能记录指法和弦数、徽位,不能记录节奏也不能直接标出音高,属于指法谱。为了弥补这个不足,自20世纪20年代以来,人们又用减字谱结合五线谱或简谱来记录琴曲,直到今天,无论是新创琴曲还是"打谱"的传统琴曲,都常采用这种"中西结合"的方法来记谱。

临摹:明代《古琴曲〈秋鸿〉图谱》册,现藏故宫博物院

古琴欣赏

古琴欣赏,最重要、最基本的是欣赏其乐音。古琴的基本发声方法有三种,一是空弦音,称为散音;二是按音,即左手手指按弦于琴面发音;三是泛音,左手手指轻触弦上特定的比例处(一般在徽位上)发音。逸、清、庳(bì)、鸣,就是琴声中的"四美",但更为人们津津乐道的是所谓"琴有九德",即奇、古、透、润、静、圆、清、匀、芳。现在琴界一般也常用这些字眼形容琴声,但九德俱全者世所罕见,能具五六德已是难得的好琴了。

古琴技法丰富,变化多样,音色别具韵味,尤其长于表现传统文人淡泊宁静又情趣高远的思想境界,这也是古琴特别受士人喜爱的一大原因。

古琴声韵悠远,清正平和,但音量较小,不太适合越来越宏大壮观、华丽奢靡的宫廷乐队,因此逐渐成为文人们自娱自乐、孤芳自赏的乐器。文人们弹琴多是为娱己娱心,而非娱人,所以他们大多是以琴会友,不是知音来访,一般都不会为他人弹琴。

欣赏古琴的最高境界是成为知音,伯牙和子期"高山流水遇知音"的故事为人们津津乐道,其实古籍中记载的知音故事非常多,许多人都能从琴声中听出深意。

现代古琴由于应用了钢弦和扩音

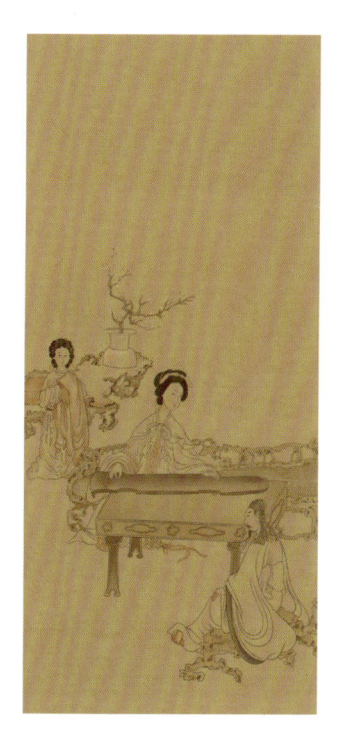

临摹:明代,陈洪绶
《听琴图》轴,现藏故宫博物院

设备，有效地解决了琴声音量过低的问题，所以现在的古琴演奏已不仅仅局限于文人自娱，也常用于舞台演出，演奏形式有独奏、琴歌、琴箫，或瑟、埙（xūn）等合奏，偶尔也有古琴齐奏或参与民乐合奏的。

有人认为，古琴进了博物馆，就只能见其形，不能闻其声，成为"死琴"。此说虽有些偏颇，却也不无道理。一张古琴之所以能保存几百上千年而不朽，除了历代琴家、藏家们的精心保管和保养，经常弹奏也是一个不可或缺的原因，所谓"流水不腐，户枢不蠹（dù）"。

2010年8月14日，重庆中国三峡博物馆用馆藏唐、宋、明琴举办过一次公开演奏会，又于当年国庆节期间举办的古琴展上用馆藏古琴为观众现场演奏。相信，今后各大博物馆的藏琴会越来越多地弹奏起来，让千古天籁不断地回响在人间。

除了悦耳的琴声，人们还可以从其他角度来欣赏古琴，古琴的价值体现在多个方面。一张稀有的古琴，历经千百年风雨坎坷，辗转流传，阅尽人间沧桑，带着众多传奇故事，带着一身斑斓古色，走入现代博物馆的高雅殿堂，供人审视，让人流连，使人发思古之幽情。从中观者可以窥见古人的思想、情操、道德、哲学；可以贴近古人的社会、政治、生产、生活，可以考证古琴的时代、形制、制作、流传，这是其文物价值所在。

临摹：清代，吴历，《松壑鸣琴图》轴（局部），现藏故宫博物院

临摹：清代，张宗苍，《乾隆皇帝抚琴图》轴（局部），现藏故宫博物院

重庆古琴

  重庆在清末民初就有很多琴人。抗日战争时期，重庆是陪都所在，音乐文化十分繁荣，古琴文化也在这样的背景下得到长足发展，多家琴社在重庆成立，如"七弦琴社""二香琴社""天风琴社"等，参加者除本地琴人外，还吸收了一批在渝的外地甚至外国琴人，包括一些社会名流，有荷兰人、英国人以及国民党元老于右任、冯玉祥等。

  说到重庆古琴，就不得不说江北杨家，这是一个经营钱庄起家的富商之家，也是一门三代的重庆琴人。据重庆中国三峡博物馆档案记载，由有关部门转交的来自杨家藏古琴达25张之多，是馆藏古琴最重要的一个来源。

  到目前为止，馆藏古琴共有45张，大都是在20世纪50年代到70年代入藏的，全部都是实用琴，有的张上弦即可演奏，有的稍加修复亦可弹奏。

  重庆中国三峡博物馆可以说是目前国内外各大博物馆中藏琴数量最

多、质量最好的单位之一。

第一，馆藏古琴中良琴众多。如唐代"襄"琴，明"四王"琴中的潞王琴和益王琴，元末斫（zhuó）琴名家朱致远和明末斫琴名家张敬修、张顺修所制琴，等等。有些琴极为罕见，如北宋庆历道士卫中正所斫琴、蜀王"霜钟"琴，为目前传世琴中所仅见；又如宋苏轼款"松石间意"琴，其上有苏东坡、唐寅、文徵（zhēng）明等十多位宋、明、清书画名家的题字，是所见古琴中题识人数最多的一件。

第二，馆藏古琴系列完整，唐、宋、元、明、清诸朝一代不缺，尤其宋琴多达六张（另有一张定为宋元之间），十分珍贵，亦属罕见，对于研究古琴自唐代以来的发展演变规律具有重要意义。

第三，这批琴级别甚高。其中有一级文物8件，二级文物11件，三级文物22件。这是馆藏品中珍贵文物比例最高的，也是一级品比例最高的，非常难得。

第四，在这45张琴中，除了9张琴没有款识，其余36张琴都在琴底、琴腹，个别在琴额雕刻或书写有款识，其中既有著名人物，又有地方名家；既有古代的，又有近代的；既有诗词，又有短文。这些题识无论是从书法、文学、艺术方面看，还是从历史资料方面看，都具有很高的价值。

第五，这批琴多数未经著录。在全部45张琴中，大多数都未曾公布过相关资料，或只有零星的简单介绍，无论是学术界还是古琴界对此都知之甚少。因此，这批琴有很高的研究价值和研究空间，是十分值得重视的新材料、新实例。

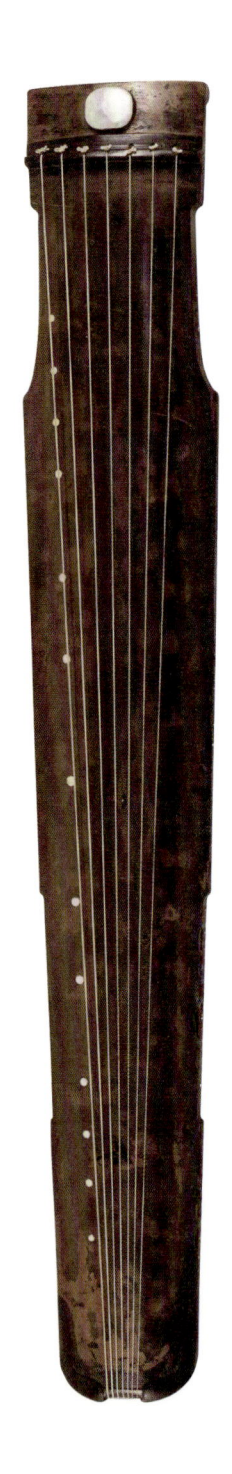

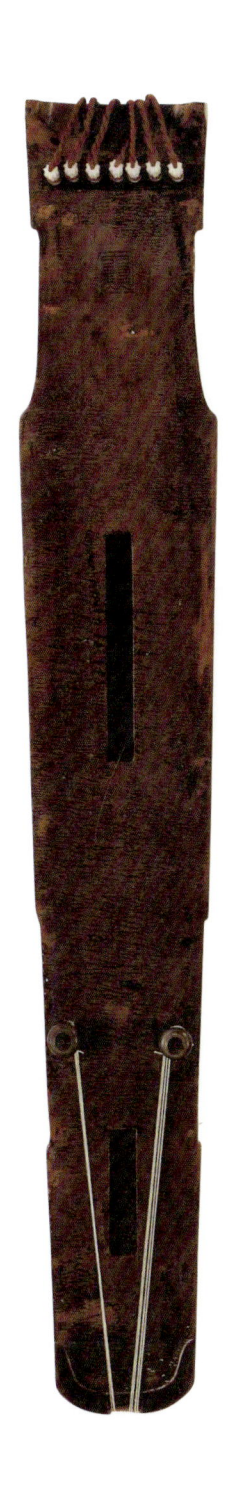

仲尼式"襄"琴

唐代
长124.0cm　肩宽20.4cm　肩厚5.4cm

　　此仲尼式"襄"琴为桐木制作，通体枣红色漆，漆表下为鹿角霜灰。年代久远的古琴，琴面会出现一些断纹。这种特有的现象，是木质伸缩、漆灰质地老化后形成的。根据古琴断纹的样式，可分为龟背断、梅花断、蛇腹断、牛毛断、流水断、冰纹断等。此琴前面断纹为流水断加牛毛断，底为流水断。琴额镶嵌了一块翡翠饰，琴底项部阴刻方形篆文印章式琴名"襄"。古琴下有两个出音孔，称为龙池、凤沼，象征太阳和月亮。此琴龙池两侧阴刻楷书四行，后有阳文小方印："子京父印"。

　　仲尼式，又称为孔子式、夫子式，相传是孔子创制的一种样式，是历代存世古琴中最多的一种样式。

　　仲尼式造型简洁朴素，在腰、项处凹入，弧度有圆有方，通体再无修饰。其含蓄而大方的造型恰恰体现了儒家中庸、内敛的思想风格，颇涵儒者处世之道。仲尼式古琴在宋代开始兴盛并逐渐流传开来，主要是因为宋代的词曲更加宛转悠扬，仲尼式古琴的音质清雅纯正，更加契合宋词的风格。

仲尼存世数第一

琴名

琴座铭文

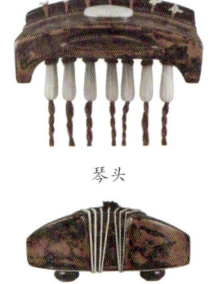

琴头

琴尾

琴额饰

小知识

鹿角霜灰

　　古琴琴面木质相对松软，为使琴耐磨又兼具传音效果，琴器表漆下必须涂抹灰胎。

　　鹿角霜灰是将梅花鹿或马鹿的角磨成细粗不一的颗粒后，与生漆混合做成的。鹿角霜灰具有千年不腐、坚硬透气的特点，将其刮在古琴的木胎之上，能形成梅花状的气孔，可以有效过滤古琴的木头音，使琴音更加清透。

唐"襄"琴刻文考释

　　原文："宋人得唐琴如拱璧，喜刊章为记，向在京师，见雷琴数张皆然。此琴既经莆阳蔡氏珍藏，定为唐制无疑，昔乎阅世已久，几历重髹（xiū），难睹庐山面目矣。万历壬午小阳月子京识。"

　　考释："莆阳蔡氏"，指北宋大书法家蔡襄；落款"子京"和印章"子京父"，即明代大收藏家项元汴。"万历壬午小阳月"，为公元1582年10月。

伶官式"凤鸣"琴

北宋

长127.7cm　肩宽22.3cm　肩厚5.3cm

此琴为桐木制作，通体黑漆，薄鹿角灰胎，琴身上出现牛毛断和流水断。

古琴的琴面上有13个琴徽，是用来辨位调音的13个"音位"。制作琴徽的材质很多，由于蚌壳物美价廉，最为常见，此琴也是蚌徽。当古人在月下抚琴、烛光闪烁、月色朦胧之时，色泽晶莹的蚌徽便会透出幽幽的光芒……

琴头上用以架弦的硬木称为岳山，是古琴的最高部分，此琴为檀木岳、尾。琴底项部题篆书琴名"凤鸣"二字，其下阴刻行草四言诗两行："凤皇来仪，鸣于高岗。文章瑞世，其道大光。"落款为："景祐元年春日，清画堂主人题。"款下一方章，篆文为"王元颖印"。

琴名"凤鸣"，出典于《诗经·卷阿》："凤凰鸣矣，于彼高岗。"寓意琴声如同凤凰的鸣叫声，高远悠扬、独秀于林。

伶官式古琴相传为周代伶官虞隋所作。伶官式古琴的琴体较小，琴面两侧浑圆，当中较平，琴颈和腰处各有一个扁弧形。

凤凰来仪鸣高岗

琴底铭文"凤鸣"

仲尼式"松石间意"琴

北宋
长122.5cm　肩宽20.7cm　肩厚5.3cm

松石间意东坡琴

此琴木质面桐底梓，通体黑漆，鹿角霜灰，发小蛇腹断、流水断和牛毛断，檀木岳、尾，黄金徽。有七个和田玉琴轸（zhěn）与一对明代补配的和田雁足。

琴轸是古琴上用来调音的柱状旋钮，由一段双股丝绳和一个开孔的小柱组成。通过正向或反向拧动琴轸，丝绳便会因此被绞紧或放松而发生长度变化，以此拉动琴弦，达到调音的目的。

雁足是琴底部两只用来支撑琴体和系缚琴弦的脚。之所以称为"雁足"，或许是因为古琴的"雁足"上缠着弦，让人联想到鸿雁传书的大雁脚上也用丝线系着信。

琴名"松石间意"，出典于二十四史之一的《宋书》："中道有磐石清泉，上使于石上弹琴，因赐以银钟酒，谓曰：相赏有松石间意。"其实，该琴还有另外一个俗称，叫"东坡琴"。因为琴底满刻铭文，连琴名共有文字题刻十二则，其中最早题款的正是苏东坡。除此以外，还有唐伯虎、祝允明、文徵（zhēng）明、沈周、石渠等，落款者多为宋、明、清时期东南吴地的著名文人，这也是目前所见题刻数量最多的古琴。此琴可谓来源明晰，传承有序。由宋以来，唯有抗战时期辗转流传的细节不清。20世纪50年代入藏我馆。

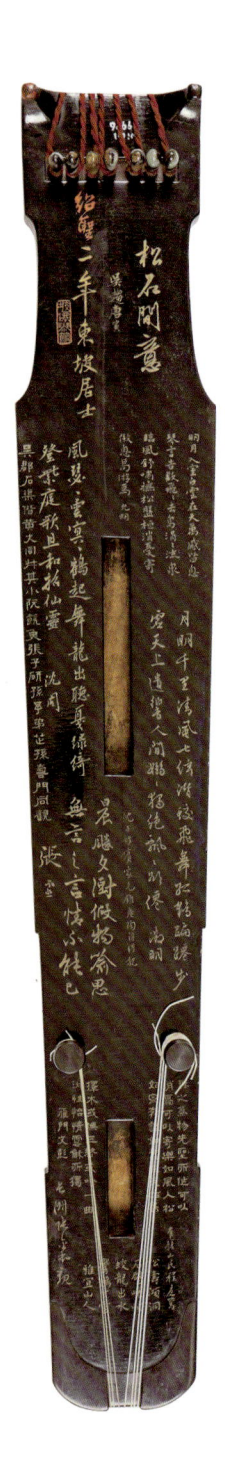

仲尼式"朱致远"琴

元代

长121.8cm　肩宽19.1cm　肩厚5.1cm

此琴木质面桐底梓，通体黑漆，鹿角霜灰，琴面出现流水断和细密牛毛断。龙池和凤沼均为方形，上嵌蚌徽，岳山及琴尾附件均为檀木制作。琴底龙池内纳音右阴刻"赤城朱致远制"。

元代制琴具有宋、明之间的过渡期特征。由于历时较短，元代斫（zhuó）琴艺术没有形成新的特色。元琴形制基本继承南宋风格特征，款式几乎都是仲尼式。不过，元代古琴仍有一些时代特点，比如琴的项部一般短而粗壮，腰部内收较小，总体造型风格敦实明朗、强悍劲健。

这一时期也出了一些制琴名手，朱致远便是其中的代表。朱致远为元末明初人，所斫琴一扫南宋以降"薄而清""厚而古""耸而狭"等偏好，为历代琴人珍之。此琴断纹美观，是一张珍贵的元琴。

元琴承继南宋风

"赤城朱致远制"

仲尼式蜀王"霜钟"琴

明代

长119.5cm　肩宽18.8cm　肩厚5.3cm

　　此琴木质面桐底梓。重髹（xiū）黑漆，瓦灰胎，琴面无断纹。琴底项部篆书"霜钟"二字，龙池下阴刻一方印章"蜀藩之宝"，凤沼上方刻隶书"随公珍玩"，其下有一阴刻小印章，二字，模糊难辨。

　　据《明史》载，明代蜀王共十世十三王，多为雅好文学艺术之人，"一时诸王文学以蜀为冠"。这是迄今存世唯一的一张蜀王琴，其制作精良，音色优美，是一张不可多得的传世孤品。

　　"霜钟"出典于李白《听蜀僧濬弹琴》："客心洗流水，余响入霜钟。"传说上古丰山有九钟，霜降则钟鸣。"随公"暂不可考。迄今尚不能确定制作此琴者究竟是哪一位蜀王，但可窥见明代蜀地音乐文化之盛。

蜀藩之宝独一张

琴光宝石星相映

列子式潞王"中和"琴

明代

长120.8cm　肩宽18.6cm　肩厚5.8cm

此琴木质面桐底梓，通体黑漆，蚌徽、岳山、龙龈、焦尾下帖均为檀木，玉质雁足。琴面为八宝灰胎，磨损处可见下层为红漆。

八宝灰是在鹿角霜里加入金、银、珍珠、玛瑙、珊瑚、玉石、红绿宝石、孔雀石等的粉末制作而成。若阳光洒在八宝灰古琴上，琴身闪耀宝石般光芒，极尽奢华。

琴底项部楷书琴名"中和"，圆形龙池内环刻一周楷书"大明崇祯丙子岁季秋，潞国制。壹百肆拾叁号。""崇祯丙子"为崇祯九年（1636年）。

> **小知识：潞王和潞王琴**
>
> 潞王为明穆宗隆庆五年所封，仅传两代。此潞王为第二代，名朱常淓，自号敬壹主人、敬壹道人。他善书画，通音律，著有《古音正宗》一书。今所见潞王琴都以"中和"为名，形制、款识、印章、书体都相同，且都是八宝灰胎，每琴皆有编号。
>
> 此琴为标准的潞王琴，龙池下有五言诗一首："月印长江水，风微滴露清。会到无声处，方知太古情。"落款为"敬壹主人"，诗下一宽边大印，篆书"潞国世传"。
>
> 明代宗室诸藩如宁王、衡王、益王、潞王都是斫琴的名家高手，所制琴称为"四王"琴。今仍是川派琴艺的一大特点。

古琴

存诚养德四王琴

仲尼式益王"韵磬（qìng）"琴

明代

长124.5cm　肩宽9.1cm　肩厚5.1cm

　　此琴木质面桐底梓。琴底原漆为黑漆，隐见蛇腹断，后髹（xiū）枣红色漆，瓦灰胎，葛布（一般指苎麻）胎底，蚌徽，七个汉白玉轸（zhěn）。琴底项部刻行书琴名"韵磬"，龙池两侧原各刻有一行字，难以辨认；龙池下刻篆文印："益王之宝"；其下另有一方印："存诚养德"。池内纳音微拱，其右刻字一行："大明隆庆四年（1570年）岁次庚午季秋吉旦"，这里是古代的时间记载：季秋是秋季的最后一个月，也就是农历九月，吉旦是农历初一，大意是"大明隆庆四年庚午年的农历九月初一"；其左刻："益藩世孙潢南道人获古桐材雅制"；凤沼纳音内刻："洪都谌廷用奉命按古式囗斫（zhuó）"。

小知识：益王琴

　　益王是明代的藩王，益王琴为明"四王"琴之一，为第四代益王朱翊（yì）鈏（yǐn）（号潢南道人）所制。他是益恭王朱厚炫之孙，按传统的嫡长继承制，原法定继承人早卒，朱翊鈏于是有了袭封的资格，故署"益藩世孙"。

　　"洪都"是南昌的古称，斫制者"洪都谌廷用"，生平不详，传世益王琴中多署其名。

山渊赴响风云战

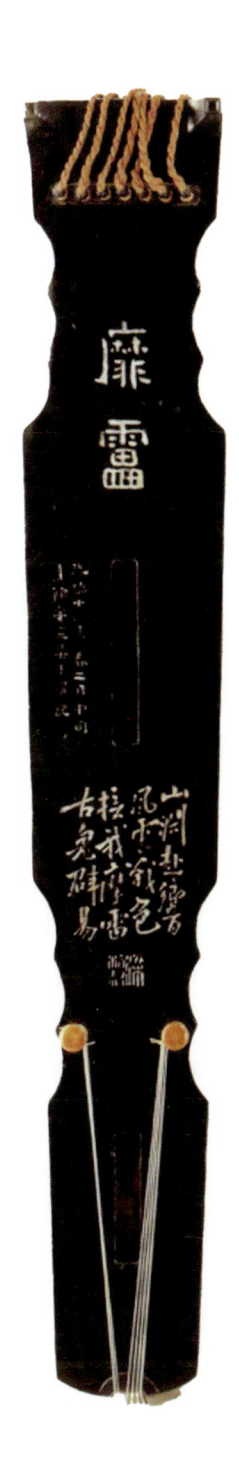

连珠式"靡雷"琴

清代
长126.1cm　肩宽20.3cm　肩厚5.2cm

此连珠琴木质面桐底梓，黑漆，内泛红光，漆下透小蛇腹断，混合灰胎，龙池、凤沼皆为方形，龙池上方刻隶书"靡雷"二字；龙池左刻隶书填白"光绪十三年春二月中旬/重修安定梁于谓记"；龙池下方刻行书"山渊赴响，风云战色。抚我摩雷，古鬼辟易。"其下一方印章，印文为"梁杭叔"三字。"靡"古通"摩"，"摩，抚也"，"摩雷"有抚弦弄琴、其声比雷之意。

"靡雷"琴主人是梁于谓，字杭叔，广东番禺（今广州）人。生年不详，卒于1913年。清光绪十一年（1885年）中举、十五年（1889年）成为进士，是清末著名的画家、书法家、金石学家和收藏家，以能文能画著称。

连珠式相传为隋朝逸士李疑所创，造型玲珑精巧而华美，项腰作连续三个半月形弯入，犹如连珠。

古琴　271

和合巴渝

　　重庆中国三峡博物馆（重庆博物馆）是一座集巴渝文化、三峡文化、抗战文化、移民文化和城市文化等为特色的历史艺术类综合性博物馆。除主馆外，还包括白鹤梁水下博物馆、保卫中国同盟总部旧址（重庆宋庆龄纪念馆）、三峡文物科技保护中心以及涂山窑遗址四个场馆。在主馆的引领下，不同的分馆既主题鲜明、各具特色，又互相联系、互为增补。

白鹤梁水下博物馆

　　白鹤梁水下博物馆，即重庆中国三峡博物馆的白鹤梁水下博物馆管理处，位于重庆市涪陵区长江岸边，始建于2003年，于2009年5月18日正式落成并对外开放，是世界首座水下博物馆，属地方性历史博物馆，是集文物保护、研究、宣传、教育为一体的文化活动中心，联合国教科文组织将其誉为"世界首座非潜水可到达的水下遗址博物馆"。

　　重庆白鹤梁水下博物馆占地面积11300平方米，建筑面积8433平方

米，有岸边陈列馆和水下参观区两部分；现存题刻有165段，共1万余字、石鱼18尾、观音2尊、白鹤1只，其中涉及水文价值的题刻有108段，馆藏精品文物有刻石鱼水标。

2016年5月18日，重庆白鹤梁水下博物馆被水利部正式批准为国家水情教育基地。2018年7月20日，被重庆市旅游发展委员会正式批准为重庆市研学旅行示范基地。

三峡文物科技保护基地

三峡文物科技保护基地是重庆中国三峡博物馆的重要组成部分,是国家级文物科技保护基地,于2018年12月开工建设,2021年5月完成施工。

项目建筑面积约1.8万平方米，建设内容包括文物科技保护实验室、文物修复室、有害生物研究与控制科研实验室、珍贵文物预防保护实验室等。三峡文物科技保护基地是三峡出土文物后续保护修复的主要场地，旨在立足三峡出土文物保护修复，加强技术推广应用，辐射带动三峡库区乃至西南地区文物保护能力全面升级。依托重庆中国三峡博物馆建设的"馆藏文物有害生物控制研究国家文物局重点科研基地"，担负着我国馆藏文物生物病害防治科学研究的重任。

基地开放"世纪工程国家行动——三峡文物保护成果展""数字体验馆""再现光华——三峡文物科技保护基地科普展"三个主题展览。其中，"世纪工程国家行动——三峡文物保护成果展"集中展示三峡文物保护工作的重大成就。

重庆宋庆龄纪念馆

重庆宋庆龄纪念馆，是重庆中国三峡博物馆的宋庆龄旧居管理处，位于重庆市渝中区两路口新村5号，是一座二楼一底的西式砖木结构建筑。抗战时期，宋庆龄曾在此居住，进行重建和恢复保卫中国同盟的工作。这里也成为宋庆龄在大后方开展抗日救亡工作的实物见证。

重庆宋庆龄纪念馆主要由主楼、附楼和砼（tóng）筑防空洞三部分组成，有房间26间，占地1200平方米，建筑面积760平方米，共展出实物和历史照片110件。1992年，重庆宋庆龄旧居被重庆市政府定为重庆市文物保护单位。2015年，重庆宋庆龄纪念馆被国务院公布为第二批国家级抗战纪念设施、遗址名录。宋庆龄与保卫中国同盟文物资料陈列展分为前言部分和两个单元。第一单元为"在香港组建保卫中国同盟"，第二单元为"在重庆重建保卫中国同盟"和"抗战期间宋庆龄在渝纪事"。展览设文物展柜7个，展示宋庆龄曾使用过的围巾、毯子，宋庆龄抗战时期所戴SCL金戒指图章、宋庆龄所著《中国不亡论》《保卫中国同盟成立宣言（英文版）》及书信物件等，并在展厅设置互动触摸设备，可查阅相关信息。重庆宋庆龄纪念馆作为研究、传承和弘扬宋庆龄精神的重要载体，不仅包含宋庆龄其人其事，还包含与其有关的人和事。重庆宋庆龄旧居作为全国重点文物保护单位、国家级抗战设施、遗址单位，在传承中华民族传统文明、服务广大社会群众、促进爱国主义教育等方面充分发挥了名人故居类抗战遗址的积极作用。

和合巴渝

生字词注音释义

顺序	生字词	释义
A	盦（ān）	1.覆盖。2.古代盛食物用的器皿。3.同"庵"，多用于人名。
B	柲（bì）	1.兵器的柄，亦泛指器物的柄。2.弓檠，绑在弓里保护弓的竹片。3.刺。多音字，也读（bié），手推物。
	箅（bì）	蒸锅中的竹屉。后指有空隙而能起间隔作用的器具。
	庳（bì）	1.（土地）低洼。2.短，低矮。
	钵（bō）	1.形状像盆而较小的一种陶制器具，用来盛饭、菜、茶水等。2.僧人的食器。3.僧侣所用的食具，像碗，底平，口略小。
	钹（bó）	俗称镲。击乐器。铜制，圆形，中间隆起，正中有孔，两片相击发声。形制大小不一。常用于吹打乐及戏曲、歌舞伴奏。
	镈（bó）	1.古代锄一类农具。2.古代乐器。形似大钟，青铜制成。
C	昶（chǎng）	1.白天时间长。2.舒畅、畅通。
	鸱（chī）	鸱鹰。又名鹞子、鸢鹰、老鹰。一种猛禽，以小动物为食。
	錞（chún）	1.古代一种铜制的军乐器，形如圆筒，上大下小，顶上多作虎形钮，可悬挂，常与鼓配合。2.靠近。
	皴（cūn）	1.皮肤因受冻或受风吹而干裂。2.皮肤上积存的泥垢和脱落的表皮。3.中国画的一种技法，用淡干墨涂染以表现山石纹理、峰峦折痕及树身表皮的脉络、形态。
D	笪（dá）	1.竹皮。2.用粗竹篾编成的席子。多用来晾晒粮食。3.拉船的竹索。
	玳瑁（dài mào）	属爬行纲，海龟科的海洋动物。
	砀（dàng）	1.有花纹的石头。2.地名，如砀山，在安徽。
	篼（dōu）	盛东西的器具。用竹、藤、柳条等编制而成。
	蠹（dù）	1.蛀虫。2.蛀蚀。3.损坏，损害。
	遯（dùn）	同"遁"，指隐居，逃避社会居住在偏僻的地方。
	铎（duó）	古代响器。形似大铃，有舌，振舌发声，宣布教令或遇战事时使用。
F	枋（fāng）	1.木名，即檀木。2.方柱形的木材。多音字，读（bìng）时，古同"柄"，权柄。
	绂（fú）	系印章或佩玉的线带。
	黻（fú）	古代礼服上绣的青黑相间的花纹。

续表

顺序	生字词	释义
F	頫（fǔ）	1.低头。后作"俯"。2.引申为低。
	抙（fǔ）	拍。
G	噶（gá）	译音用字。噶伦：中国原西藏地方政府的主要官员。
	觚（gū）	1.古代一种盛酒器具。2.古代用来写字的木简。3.棱角。
	衮（gǔn）	古代天子祭祀时穿的绣有龙形的礼服。后泛指古代君主、王公的礼服。
H	龢（hé）	1.同"和"，和谐，协调。2.人名用字，如翁同龢。
	圜（huán）	围绕。多音字，也读（yuán），同"圆"。
	翚（huī）	古书中指一种有五彩羽毛的野鸡。
J	戟（jǐ）	古代兵器。长柄一端装有枪尖，旁边附有月牙形锋刃，可以直刺和横击。
	釿（jīn）	1.古同"斤"，斧头。2.古代金属重量名，亦货币名。中国战国时期东方各国多以"釿"为单位，秦统一衡制时被废除。
	臼（jiù）	1.舂米的器具，用石头制成，样子像盆。2.形状像臼的东西，如臼齿。
L	鎏（liú）	1.成色好的黄金。2.同"镏"。
M	旻（mín）	1.秋天。2.天空。
N	傩（nuó）	古代在腊月举行的一种驱疫逐鬼的仪式，是原始巫舞之一，后演变为一种舞蹈形式。
P	鋬（pàn）	器物上，用手提的部分。
Q	綦（qí）	1.青黑色。2.副词，极。
	棨（qǐ）	古代官吏出行时用来证明身份的东西，用木头做成，形状像戟（jǐ）。
	佥（qiān）	1.副词，都。2.众人的。
	磬（qìng）	1.古代打击乐器，形状像曲尺，用玉、石制成，可悬挂。2.佛寺中使用的一种钵（bō）状物，用铜铁铸成，既可作念经时的打击乐器，亦可敲响集合寺众。3.缢杀。4.古同"罄"，空、尽。
	邛（qióng）	邛崃（lái）：山名，在四川。
	銎（qióng）	斧子上安柄的孔。
	朐（qú）	1.屈曲的干肉。2.古地名，如朐县。3.弯曲。多音字，也读（xù），古同"煦"，温暖。另读（chǔn），蚯蚓，亦称"曲蟮"。

续表

顺序	生字词	释义
Q	臞（qú）	同"癯（qú）"，瘦。
S	禅（shàn）	禅让。多音字。读（chán）时，1.佛教用语，"禅那"的简称，指静思。2.泛指与佛教相关的人或事。
S	鱓（shàn）	同"鳝"，黄鳝。形状像蛇，有暗色斑点，光滑无鳞。
S	歙（shè）	歙县，地名，在安徽南部。以产徽墨、歙砚著名。多音字。也读（xī），收敛，吸进。
S	昚（shèn）	古同"慎"，多用于人名。
S	澍（shù）	及时的雨。多音字，也读（zhù），古同"注"，灌注。
S	鸶（sī）	鹭鸶，即白鹭。
T	饕餮（tāo tiè）	1.传说中凶恶贪食的兽。2.比喻凶恶或贪食的人。3.丰盛的。
T	绹（táo）	绳索，用绳索捆。
T	砼（tóng）	混凝土。
T	骰（tóu）	骰子，通称色（shǎi）子，一种赌具。
W	辋（wǎng）	车轮的外周。与车辐相连的圆框。
W	庑（wǔ）	古代正房对面和两侧的屋子。
X	晞（xī）	1.干，干燥。2.破晓，天亮。
X	缬（xié）	有花纹的丝织品。
X	燮（xiè）	1.调和，协和。2.姓。
X	歆（xīn）	1.喜爱，羡慕。2.姓。
X	髤（xiū）	1.用漆涂在器物上。2.古代称红黑色的漆。
X	埙（xūn）	吹奏乐器。多用陶土烧制而成，也有木、骨或石制的，多为上小下大的鸡蛋形，有一至十几个音孔。
Y	嵒（yán）	同"岩"，山崖。
Y	甗（yǎn）	古代炊具，中部有箅（bì）子。
Y	滟滪（yàn yù）	即滟滪堆，指水中的大石块、大石堆。
Y	轺（yáo）	轺车：古代一匹马驾驶的轻便小车。
Y	揲（yè）	1.箕舌（指接在簸箕底部向前延伸的板）。2.将物体捶薄。多音字，也读（dié），摺叠。另读（shé），1.古代数蓍草以占卜吉凶。2.积累。3.取。

续表

顺序	生字词	释义
Y	弋（yì）	一种带绳子的箭，古人用来射鸟。
	翊（yì）	辅佐，帮助。
	鈏（yǐn）	1.锡的别称，或专指锡中坚白的一种。2.古代一种铁器。
	郢爰（yǐng yuán）	古代黄金货币，是楚国的一种称量货币，也是我国最早的原始黄金铸币。"郢"为楚都城名，"爰"为货币重量单位。
	瘿（yǐng）	1.中医指生在脖子上的一种囊状的瘤子。2.树木外部因害虫侵蚀而形成的瘤状物。
	鬻（yù）	卖。
	湲（yuán）	水流声。
	钺（yuè）	1.古代兵器，青铜制，像斧，比斧大，圆刃可砍劈，中国商及西周盛行。又有玉石制的，供礼仪、殡葬用。2.古星名。
Z	帻（zé）	古代的一种头巾。
	轧（zhá）	把钢坯压成一定形状的钢材。多音字，也读（yà），1.辗，滚压。2.排挤，挤压。3.拟声词，形容机器开动的声音，机声轧轧。另读（gá），1.挤。2.结交。3.结算，核对。
	轸（zhěn）	1.古代指车箱底部四面的横木。2.沉痛，悲痛。3.星宿名，二十八宿之一。
	徵（zhēng）	1.召集。2.公开寻求、招请。3.课取，收取。4.迹象，预兆。5.验证，证明。多音字，也读（zhǐ），古代五音（宫、商、角、徵、羽）之一。
	斫（zhuó）	用刀斧砍。
	鬃（zōng）	马、猪等畜类颈上的长毛。
	俎（zǔ）	1.古代祭祀或宴会时用来盛放祭品或食品的器具。2.切肉用的砧板。3.姓。

忆华年主要文博类出版物

博典·博物馆笔记书

已出版——
《故宫里的海底精灵》
《故宫里的晴空白羽》
《故宫里的瑰丽珐琅》
《故宫里的温润君子》
《故宫里的金色时光》
《故宫里的琳琅烟云》
《故宫里的夜宴清歌》
《故宫里的阆苑魅影》
《故宫里的诗经墨韵》
《故宫里的洛神之恋》
《故宫里的金枝玉叶》
《故宫里的花语清风》
《故宫里的天子闲趣》
《故宫里的丽人雅趣》
《故宫里的童子妙趣》
《故宫里的禅定瑜伽》
《故宫里的花样冰嬉》
《故宫里的森林"萌"主》
《渔舟唱晚·墨霖山海》

待出版——
《故宫里的丹心爱犬》
《故宫里的绿鬓红颜》
《故宫里的顽皮宝贝》
《故宫里的十二生肖》
《故宫里的百态造像（动物）》
《故宫里的百态造像（人物）》

全国博物馆通识系列·一本博物馆

已出版——
《一本博物馆 南京博物院》
《一本博物馆 陕西历史博物馆》
《一本博物馆 湖北省博物馆》
《一本博物馆 湖南博物院》
《一本博物馆 辽宁省博物馆》
《一本博物馆 大同市博物馆》
《一本博物馆 广西壮族自治区博物馆》
《一本博物馆 山东博物馆》
《一本博物馆 重庆中国三峡博物馆》

待出版——
《一本博物馆 广东省博物馆》
《一本博物馆 安徽博物院》
《一本博物馆 成都博物馆》
《一本博物馆 中国（海南）南海博物馆》